일본의 가죽공예 장인에게 배우는

어른의 가죽공예

ㅁㅅㄴ

정성을 들이는 시간만큼
작품은 성숙해진다

손을 움직여 물건을 만들어낼 때, 공을 들이면 들일수록
그만큼 완성도가 올라가고 완성되었을 때의 기쁨도 커집니다.
다시 말하자면 작품에 몰입하는 시간,
그리고 노력의 전부가, 가치 있는 결과로 나타나는 것입니다.

프로는 하나의 작품을 만들기 위해 많은 공을 들입니다
(물론, 솜씨도 대단히 훌륭합니다).
작품의 완성도를 올릴 수 있는
"공을 들이는 방법"을 알기 때문입니다.
프로는 얼마만큼 정성을 들이고
어떻게 일반인과 다른 작품을 만들어내는지.
이 책에서는 그 진짜 모습을 보여줍니다.

그냥 평평한 가죽을 조합해서 복잡한 형태를 만드는 긴장감.
많은 작업을 하나씩 쌓아서 올리는 완성도.
그런 결과로 멋진 물건이 태어나는 행복한 순간이
어른의 가죽공예의 목적입니다.

KEY CASE

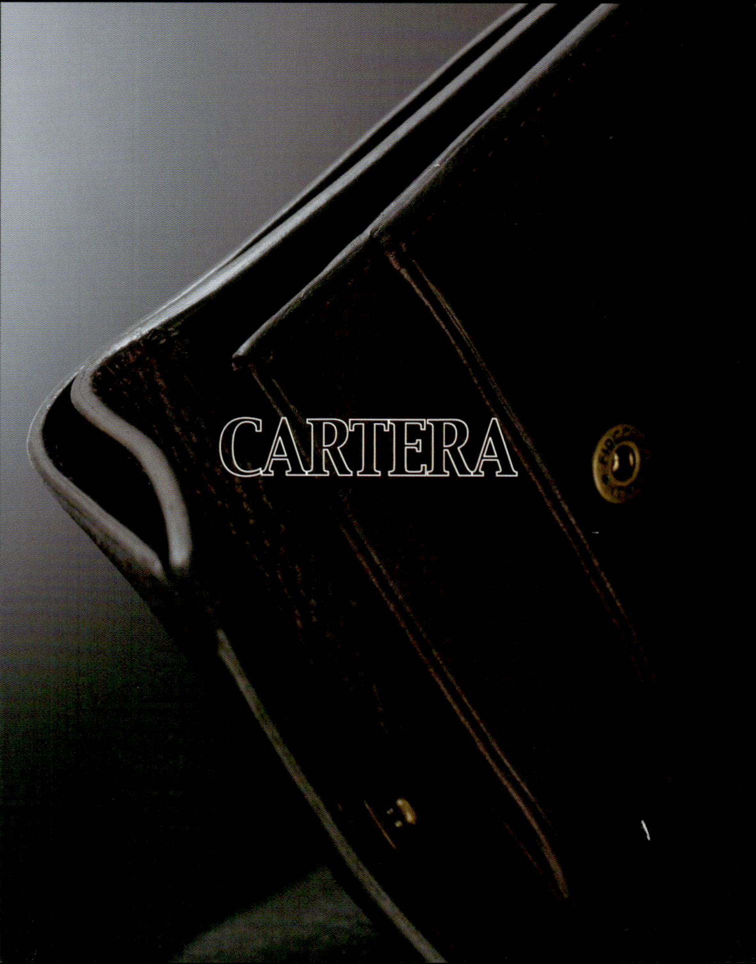
CARTERA

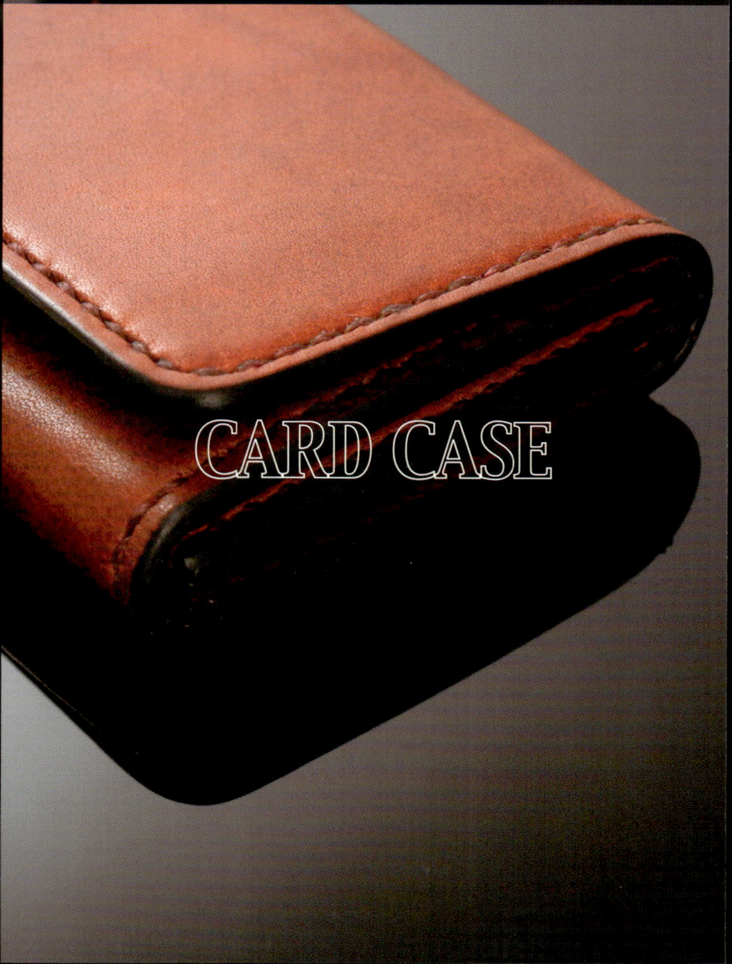
CARD CASE

BILLFOLD

WATCH BAND

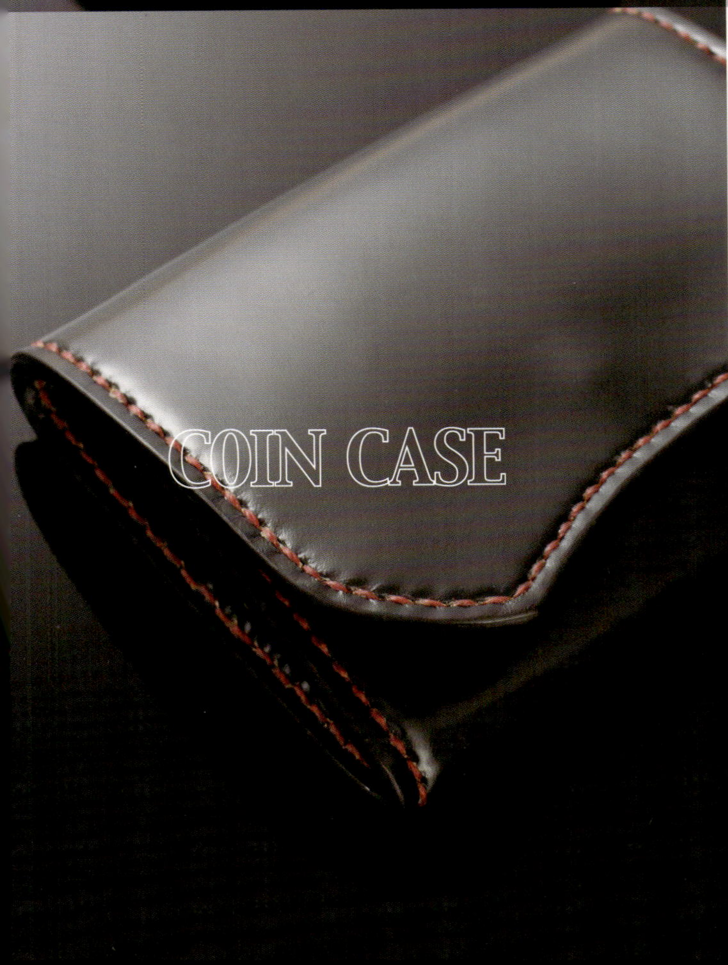
COIN CASE

HORSESHOE
CHANGE PURSE

CONTENTS

촬영·이미지컷 : 세키네 오사무

일본의 가죽공예 장인에게 배우는

어른의 가죽공예

[포인트편]

이 책에서 해설하는 제작방법에는
공통적으로 쓸 수 있는 포인트(요령)가 있습니다.
작품을 깔끔하게 만들기 위한 예비지식으로서
먼저 이 포인트를 기억해 둡시다.
이것만으로도
실전편의 해설을 쉽게 이해할 수 있고
기술을 효과적으로 습득할 수 있게 됩니다.

POINT 1

붙인 다음 '여유분'을 잘라내서 단면을 깔끔하게 정리한다.

가죽은 늘어나는 성질이 있기 때문에 아무리 정확하게 작업해도 같은 형태로 자르는 것은 어렵습니다. 그래서 같은 형태의 파츠를 붙이는 경우는 한쪽에 여유분을 두고 잘라서 붙인 다음 여유 부분을 잘라냅니다. 이 책에도 자주 등장하니 기억해 둡시다.

이 방법을 사용하여 정확한 형태를 만드는 이유는 2가지입니다. 하나는 잘라내는 수고를 덜어 작업 효율을 높이는 것이고 (양 파츠를 각각 정확히 자르는 것은 매우 어렵습니다), 또 하나는 단면의 단차를 없애 쉽게 단면을 마감하기 위해서입니다. 단면에 단차가 없으면 이후 작업인 사포질이나 연마가 스무스해집니다.

파츠를 자를 때, 겉감은 패턴대로, 안감은 주변 몇 mm 정도 여유를 두고 잘라낸다. 확실히 붙인 다음 겉 파츠의 단면에 칼을 대고 안감의 튀어나온 부분(여유분)을 잘라낸다. 붙인 파츠는 이 방법으로 단면을 깔끔하게 정리한다

겉감과 안감의 파츠 둘 다 여유분을 두고 잘라낸 후 붙이는 경우는 패턴대로 잘라야 한다. 이 책에서는 제작자가 적당하다고 판단한 방법을 그대로 해설했지만, 어떤 방법을 선택할 것인가는 본인에게 달려 있으므로 마음에 드는 방법을 택하면 된다

POINT 2

접착제는 얇게 바른다.

접착제를 바르는 작업에서는 가능한 한 얇게 펴 바르는 것이 중요합니다. 가죽 사이에 접착제가 들어가기 때문에, 접착제 두께만큼 두꺼워지고, 요철이 생기거나 단면에서 보이거나, 바느질 작업이 어려워지기도 합니다. 이 책에서는 가죽을 붙일 때 '본드'나 '다이아몬드'등 천연이나 합성 고무계의 접착제를 사용하였습니다만, 백본드(비닐계의 수성 접착제)를 사용하는 경우도 있습니다.

이 책에서는 접착제 바르기 연습을 추천합니다. 헤라(작업용 주걱)'라는 도구를 사용해서 균등하고 아주 얇게 바를 것을 의식하면서 연습용 가죽이나 신문지에 연습해 봅시다. 작은 파츠나 가죽 이외의 얇은 재료에 바르는 연습도 좋습니다. 이 연습을 해 두면 작품의 완성도가 올라갈 것입니다.

헤라 끝에 소량의 접착제를 묻히고 평평한 부분으로 가죽 표면에 균등하게 바른다. 헤라가 살짝 휘어질 정도의 적당한 힘으로 누르면서 접착제가 단단해지기 전에 접착면에 넓게 바른다. 익숙해지면 얼룩 없이 평평하게 바를 수 있게 된다

접착제를 얇게 바르게 되면 두께도 줄어들고 단면에 층이 생기는 것도 방지할 수 있다. 또한 실이 통과할 때 방해도 되지 않는다. 바느질 구멍에 바늘을 찌를 때 스무스하게 통과하지 않으면 접착 부분이 떨어지므로 가죽이 벌어지게 된다

POINT 3

가죽 두께와 규격을 고려해가면서 작업을 컨트롤한다.

프로가 만든 제품처럼 고급스럽게 마감하려면 강도를 보존하면서 가능한 한 두께를 얇게 합니다. 프로는 파츠에 따라 두께를 0.1mm 단위로 조절합니다. 그것도 사용하는 소재의 질감, 강도, 붙이는 매수를 고려하면서 패턴의 규격과 특수성도 생각합니다.

다만 피할기가 없으면 미묘하게 두께를 조절할 수 없기 때문에 피할 가게에서 원하는 두께만큼 피할하거나, 적절한 두께의 가죽을 찾거나, 규격에 맞추어 위치 등을 조절하는 방법이 있습니다. 이 책에서는 제작 시 작품의 패턴, 또한 사용하는 가죽 종류의 두께를 기재하였으므로 그것을 참고해서 정확한 표현이 가능한 가죽을 찾아보십시오. 물론 자신만의 어레인지로 변형해도 좋습니다.

이 책에서 많이 사용하는 '구부려 붙이기'는 규격이 다른 파츠를 붙여서 가죽을 구부리는 방법이다. 이 곡선구간은 내외의 파츠의 규격 차이, 그리고 두께에 따라 달라진다. 같은 곡선을 표현하고자 할 때는 같은 두께의 가죽을 준비하고 규격도 맞추어야 한다

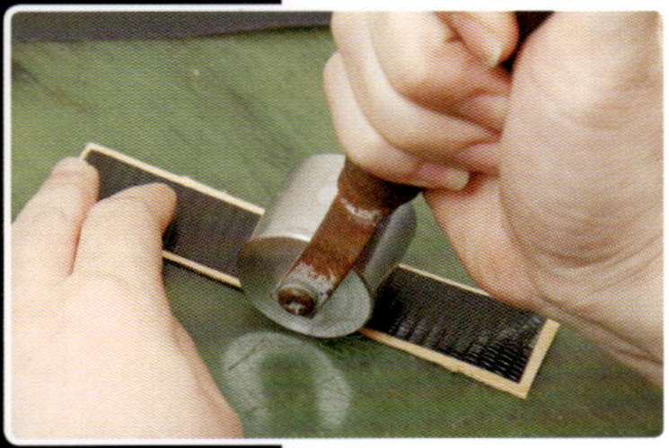

도마뱀 등 얇고 내구성이 약한 가죽은 대피로 보강해서 쓴다. 피할기를 사용하면 붙인 다음에 희망하는 두께를 만들 수 있지만 없는 경우는 도마뱀 가죽과 합쳤을 때 원하는 두께가 나올 만한 가죽을 찾아서 사용한다

POINT 4

부분 피할을 많이 한다.

몇 개의 파츠는 부분적으로 피할합니다. 이 책에서는 주위와 두께를 맞추기 위해 바느질부위를 피할하거나 보강재 끝에 단차가 생기지 않도록 끝의 두께를 0으로 만듭니다.

이렇게 부분적으로 두께를 섬세하게 바꾸면 완성품에 디테일한 표정이 생기고 움직임도 쉬워집니다. 그냥 작업하는 것보다 깔끔해지므로 가능한 한 피할할 것을 권합니다.

부분 피할을 정확하게 하기 위해서는 잘 갈아둔 칼을 사용하고 테크닉을 몸에 익혀야 합니다. 하지만 대패나 슈퍼스키버 등 가죽 피할에 쓸 수 있는 도구도 많이 있으므로 이것을 사용해서 자신만의 부분 피할 요령을 익혀도 됩니다.

붙이거나 가죽 사이를 좁게 하는 파츠는 끝에 두께가 있으면 요철이 생겨서 형태가 망가지거나 대미지를 받을 수 있다. 부분 피할을 할 부분은 본문에 모두 지시해두었다. 어려운 부분도 있지만 시간을 들여 정확하게 작업하고 가능한 만큼 실천하면 작업 수준이 향상된다

보강재 두께나 단면 형태도 부분 피할로 컨트롤할 수 있다. 특히 마지막에 수록된 '말굽형 동전지갑'은 조금만 규격이나 각도가 달라도 완성도에 영향을 주므로 피할도 절묘하게 조절해야 한다

OINT

레이어 크리저를 활용한다.

'크리저'는 끝을 가공한 금속 공구를 목제 손잡이에 이어 붙인 고데기 같은 물건입니다. 레이어 크리저는 열로 단면을 다듬고 보강하는 도구입니다. 끝의 단면에 딱 맞게 놓고(형태는 각양각색이어서 직접 만드는 경우도 있습니다), 달궈진 크리저의 날을 단면에 닿게 해서 균등하게 가공할 수 있습니다. 또한 레이어 크리저에 닿으면 가죽이 수축해서 살짝 단단해지기 때문에 견고하게 마감할 수 있습니다. 안쪽에 선을 그으면 단면과 나란히 장식으로 긋는 것이라서 '장식선'이라고 부릅니다.
레이어 크리저는 가죽 장인들이 자주 사용하는 도구이지만 일반적으로는 널리 알려지지 않았습니다. 사용하지 않아도 제작에 는 문제가 없지만 흥미가 있다면 시도해 봅시다.

날을 단면에 가볍게 누른 상태에서 움직여 열을 가한다. 크리저의 온도설정과 크리저를 대는 시간을 적절히 조절하지 않으면 선이 그어지지 않거나 열이 너무 가해져 녹는 현상이 발생한다. 먼저 여유분의 가죽에 충분히 연습한 다음 제품에 긋는다

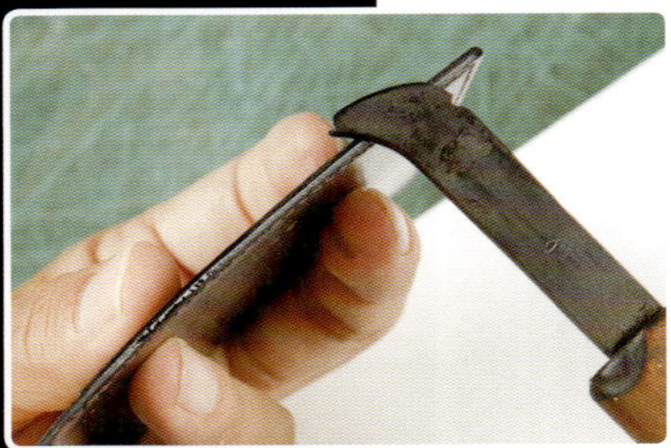

이 책에서는 단면에 왁스를 발라서 코팅하고 광택을 내는 방법을 소개하고 있는데, 이 경우에도 레이어 크리저를 이용할 수 있다

[기본적인 레이어 크리저 사용 방법]

알콜 램프로 달구는 보급형 크리저. 달구는 시간으로 크리저의 온도를 조절할 수 있다. 가스레인지로 가열할 수도 있지만 빨리 달궈져서 온도 설정이 어렵다. 적절한 온도는 경험으로만 알 수 있으므로 버리는 가죽에 연습해서 적절한 선이 그어지는 온도를 알아내야 한다. 이 책의 작품을 참고해서 이상적인 크리징을 찾도록 하자

레이어 크리저 2종 세트
문의 :
I☆N FACTORY
Tel 045-241-8620
URL http://kawazairyo.com/

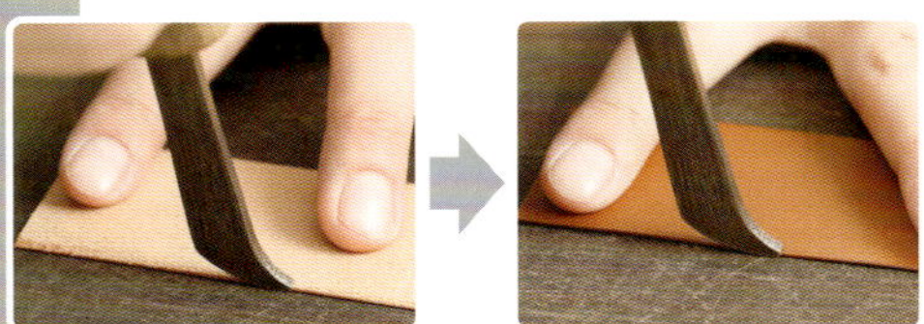

레이어 크리저는 단면 양쪽에 다 긋지만 원칙적으로 안감(완성 후의 겉에서 보이지 않는 쪽)을 먼저 긋는다. 뒤에 긋는 크리징이 먼저 그은 선을 옅게 만들기 때문이다

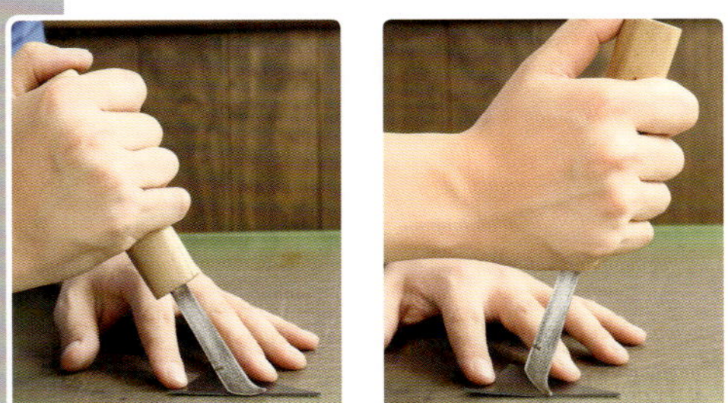

쥐는 방법은 구두칼과 동일하게 긴 직선에 닿을 때는 손 앞쪽에 남는 면적을 넓게 해서 쥐고, 곡선이나 모서리 등 형태가 복잡한 곳에 그을 때는 끝의 좁은 부분을 잡고 정확히 작업한다

POINT 6

이론을 배우고 독자적인 단면 마감을 창조한다.

일반적으로 먼저 사포를 사용해 표면을 다듬는 작업부터 시작한다. 일반적으로 사포는 거친 것으로 시작해 #400 정도로 마감하는 경우가 많다. 또한 사포질을 하면 가죽의 털이 일어나기 때문에 뒤에 마감재를 바른다

이어서 단면마감재를 바르고 천으로 문질러서 마감한다. 마감재(기본적으로 내피를 마감하는 '토코놀'과 같은 종류)는 가죽을 단단하게 만드는 '접착제'와 동일한 작용을 한다. 문질러서 균등하게 요철을 없애는데 이 작업을 '눈먹임'이라 부른다. 확실히 작업하면 단면에 광택이 난다

마지막 작업으로 단면 표면에 왁스를 바르는 경우가 있다. 이것은 소위 말하는 '왁스마감'으로 코팅(보호)과 광택 내기에 효과적이다. 그대로 바르는 방법, 레이어 크리저로 녹여서 바르는 방법 등 몇 가지의 요령이 있다

단면 마감 작업에는 수많은 방법이 있고 작업자에 따라 다양하게 선택할 수 있습니다. 실제로 단면 마감 방법은 장인의 숫자만큼 많다고 해도 과언이 아닙니다. 다만 어느 정도의 이론이 있으므로 주의해야 합니다.

기본적으로 '밑바탕 만들기'가 포인트입니다. 절단 시점부터 단면에 요철이 없도록 주의하면서(8페이지에서 소개한 '여유분'을 잘라내는 절단 방법을 참고), 마감재로 문지르기 전에 몇 번이나 다듬는 경우도 있습니다. 물론 최종적으로는 정확한 작업을 반복해서 단면의 완성도를 올릴 수도 있지만 밑작업을 확실히 하지 않으면 이 작업의 효율도 나빠집니다(아무리 다듬어도 작은 요철이 없어지지 않을 수도 있습니다).

단면 마감이 힘든 것은 가죽에 따라 특성이 달라 방법도 다양하기 때문입니다. 그러나 이론을 알고 조금만 연구하면 놀랄 정도로 실력이 상승합니다. 프로들은 조금이라도 깔끔하게 마감하기 위해 계속 새로운 도구나 방법을 모색합니다. 자신만의 방법을 찾아봅시다.

POINT 7

완성 후의 스타일링을 고려한다.

특정 부분만 강도를 높이기 위해 부분적으로 보강재를 넣는 경우도 있다. 이런 세세한 강약조절을 하지 않으면 '너무 단단해 사용할 수 없는 명함지갑', '흐물흐물한 지갑' 같이 실패할 수 있다

아름다운 입체 작품을 완성하기 위해서는 '강약조절'이 중요합니다. 특히 가죽은 나무나 금속 등 단단한 소재와 다르게 유연성이 있기 때문에 부드럽게 구부리는 부분, 빳빳하게 형태가 유지되는 부분을 나누어 '장식'과 '실용성'을 고려해서 스타일링할 필요가 있습니다. 이 책에서는 보강재를 넣어 단단하게 만들거나 보강재를 넣지 않고 움직임을 자유롭게 하는 방법을 소개합니다. 작품의 특징을 살리고 강약조절을 하는 방법을 배워봅시다.

POINT 8

도구 관리에 만전을 기한다.

여기까지 소개한 대로 이 책에서는 재단, 피할, 구멍 뚫기 등의 작업이 많이 나옵니다. 이 작업을 정확하고 생각한 대로 수행하기 위해서는 잘 갈려진 칼이 필요합니다. 구두칼이나 마름송곳 등 잘 들어야 하는 도구는 관리를 잘 해야 합니다. 관리되지 않은 도구를 쓰면 기술이 늘지 않는다고 단언하는 프로도 있을 정도입니다.
프로는 '작품=상품'이라는 의식을 가지고 만들기 때문에 제작 도중에 가죽에 불필요한 영향을 주지 않기 위해 세심하게 주의를 기울입니다. 취미로 가죽공예를 즐길 때는 지나치게 신경 쓰지 않아도 되지만, 완성도 높은 작품을 만들고 싶다면 프로의 긴장감을 배우는 것도 좋습니다.

원하는 범위를 원하는 두께와 각도로 피할하기 위해서는 칼이 저항 없이 들어가는 것이 이상적이다. 칼이 가죽에 얽히면 진행이 안 되거나 가죽이 채썰리거나 해서 원하는 대로 작업할 수 없다. 보다 섬세한 움직임을 생각하고 기술을 높이기 위해 칼을 잘 갈아두는 것은 필수

마름송곳을 뚫는 경우에도 날이 안 갈리면 가죽이 구멍이 안 뚫리거나 접착제가 묻거나 해서 불필요하게 구멍이 커질 수 있다. 끝을 가볍게 연마하기만 해도 작업성이 크게 좋아지므로 꼭 스스로 관리해서 도구의 컨디션을 유지한다

POINT 9

고정관념을 버린다.

가죽 가공기술은 일정한 법칙이 있고 작업에 쓰이는 도구도 준비되어 있습니다. 이 도구와 방법을 쓰기만 하면 누구나 가죽 작품을 만들 수 있는 것은 가죽공예 세계의 개척자들이 만든 훌륭한 업적입니다.
다만 아직 알려지지 않은 획기적인 방법도 존재합니다. 프로는 늘 고정관념을 버리고 새로운 테크닉을 고안해내고 있습니다. 여러분도 '더 효율적이고 완성도 높은 작품을 만든다'는 관점을 가지고 자유롭게 자신만의 제작법이나 도구 사용법을 연구해 봅시다. 이것을 실전에 사용해서 직전에 만든 작품보다 좀 더 좋은 결과가 된다면 그것이 오리지널 테크닉이 됩니다. 이런 경험을 통해 우리를 이끌어준 선배들의 위대함에 다가갈 수 있다면 좋겠습니다.

단면 사포질은 사포나 트레서를 사용하는 것이 일반적이지만 이 책에서는 핸드피스(주로 일본의 공구회사 류터사 제품)를 사용하는 방법을 소개한다. 익숙해지기 전에는 가죽에 상처가 날 수 있지만, 작업의 효율성을 생각하면 충분히 사용할 가치가 있다

바느질 선을 그을 때는 크리저나 스티칭 그루버 등이 주류이지만, 마스킹테이프를 붙이면 볼펜으로도 작업할 수 있다. 상처가 나면 안 되는 곳, 선을 긋기 어려운 가죽에도 확실히 선을 표시할 수 있는 기본적인 방법

일본의 가죽공예 장인에게 배우는

어른의 가죽공예

[실전편]

어느새 실전에 임하게 되었습니다.
이 책에는 여러 테크닉이 나오는데
완성도를 높이기 위한 몇 개의 법칙이 존재합니다.
이 법칙을 몸에 익히면
모방을 넘어 독자적인 방법을 만들어낼 수 있습니다.
이 책을 계기로
많은 곳에 응용할 수 있는 기술을 체득해 주세요.

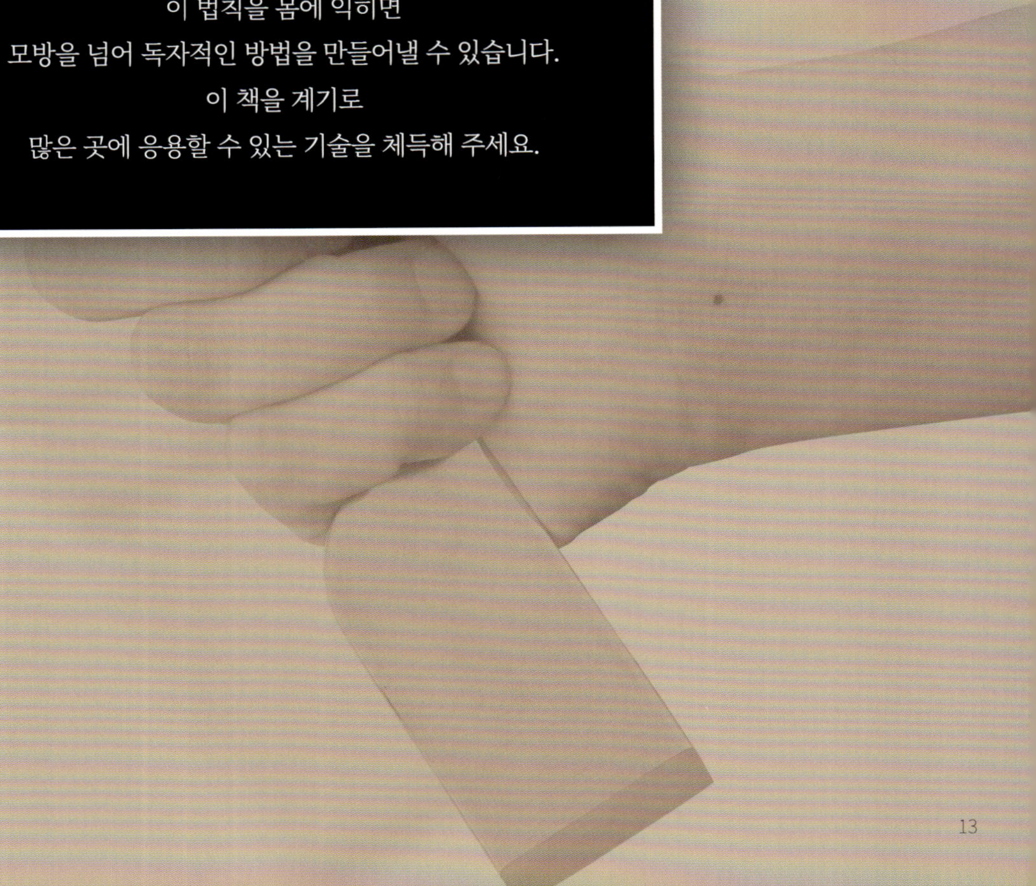

PART I KEY CASE

오일을 머금고 만들어진
이탈리아산 숄더 레더에는
어른만의 분위기가 촉촉하게 담겨 있습니다.
시크한 네이비 안쪽에는
멜로우한 카멜에 빛나는 골드.
그리고 단정하고 세련된 룩.
이 작품의 비밀은 만들어진 곡선의 형태입니다.

키홀더 만들기

KEY CASE

제작 : 우에무라 다카시(otohaci)
촬영 : 고미네 히데요

[작품 포인트]

① 곡선 구간에서 깔끔한 형태로 작업한다

평평한 2장의 가죽을 붙이면 장력(텐션)이 강해져서 작업이 쉽지 않습니다. 그래서 양 사이드를 구부리는 부분은 겉감으로 완성되었을 때의 형태를 만듭니다. 이때 바깥쪽 가죽이 울지 않도록 안팎의 가죽의 치수를 조금 달리하는 것이 포인트입니다.

② 접착면을 줄여서 부드러운 질감을 유지하도록 작업한다

키홀더 같이 움직임 있는 아이템은 접착제를 전면에 바르면 가죽의 움직임이 제한되기 때문에 부자연스럽게 뻣뻣한 형태가 될 수 있습니다. 그래서 바깥에만 접착제를 발라 붙이고, 중앙부분은 바르지 않아 가죽이 움직일 수 있게 놔둡니다. 이렇게 하면 부드럽게 움직일 수 있습니다.

③ 스프링도트를 가죽으로 감싸서 고급스럽게 마감한다

겉감으로 짙은 색인 네이비를 선택했기 때문에 스프링도트 겉단추도 같은 색 가죽으로 감싸 시크하게 마무리합니다. 원형의 가죽의 바깥을 피할해서 감싸는 간단한 작업이어서 응용도 쉽기 때문에 꼭 기억해둡시다. 디테일한 작업을 조금씩만 더해도 완성도가 한층 높아집니다.

[사용하는 가죽과 재료]

가죽은 적당히 텐션이 있는 것을 고릅시다. 여기서는 모든 파츠에 오일감 있는 이탈리아산 숄더 가죽을 사용했습니다. 두께는 본체 겉감이 1mm, 다른 가죽은 0.8mm 정도이지만 같은 두께라도 괜찮습니다. 키홀더 금속장식은 폭 30~35mm 정도를 준비합시다. 스프링도트는 선호하는 제품으로 선택해도 됩니다. 감싸는 가죽은 머리 크기의 2배 정도의 원형으로 잘라둡니다.

[사용하는 도구]

① **쇠자** (직선 재단 시 가이드) ② **디바이더** (목타 선을 그을 때 사용. 각도기 등으로도 사용할 수 있습니다. 크리저 등으로도 사용할 수 있습니다) ③ **엣지비벨러** (단면 마무리 작업에 효율적인 도구. 없어도 작업은 가능) ④ **구두칼** ⑤ **대패** (단면 다듬을 때, 사포 전에 사용하면 깔끔하게 마감할 수 있습니다) ⑥ **유리판** ⑦ **사포** (#150, #240, #400 3 종류) ⑧ **부직포** (테두리 연마 시 사용. 다른 도구를 써도 됩니다) ⑨ **쪽가위** ⑩ **커터** (접착 전 붙이는 면을 긁어낼 때 씁니다) ⑪ **종발** ⑫ **헤라** ⑬ **본폴더** (바느질이나 세공할 때 일반적으로 사용되는 뿔헤라) ⑭ **마름송곳** ⑮ **원형송곳** ⑯ **리벳 공구** (키홀더 금속장식을 부착하는 리벳 사이즈에 맞춥니다) ⑰ **도트 공구** (사용할 도트의 사이즈에 맞춰 준비합니다) ⑱ **원형 펀치** (리벳과 도트 구멍 크기에 주의합니다) ⑲ **큰 원형 펀치** (도트를 싸는 가죽을 자르는 용도. 구두칼을 써도 무방합니다) ⑳ **스페츄라** (왁스 카빙 시 사용하는 조각도. 바느질 후 실 끝을 재봉 구멍에 밀어넣을 때 씁니다) ㉑ **목타** (3mm 간격을 사용합니다) ㉒ **타격용 나무** (나무 망치와 같은 용도. 사용방법은 공정 내에서 설명합니다) ㉓ **알콜램프** (크리저를 가열합니다) ㉔ **레이어 크리저** ㉕ **코르크판** (테두리 연마나 접착 작업 시 사용하면 작업이 쉬워집니다. 높을수록 편합니다) ㉖㉗ **단면마감재** (겉피와 내피 두 가지 색을 준비합니다) ㉘ **본드**

※ 주요 도구, 그 중에서도 특징적인 도구만 설명하였습니다. 기본적인 도구는 각자 판단하여 준비해 주세요.

파츠를 재단한다

책 부록 패턴에 따라 파츠를 자릅니다. 패턴은 뒤의 재단까지 고려해서 그려져 있으므로 치수대로 잘라냅니다.

01
두꺼운 종이 등으로 만든 패턴을 가죽 위에 올리고 원형 송곳으로 아웃라인을 딴다. 문진을 눌러 정확하게 따는 것에 초점을 맞춘다

02
표시된 점을 원형 송곳으로 가죽에 표시한다. 확인할 수 있을 정도로만 살짝 누른다. 오차가 생기지 않도록 중심을 꼭 찍어야 한다

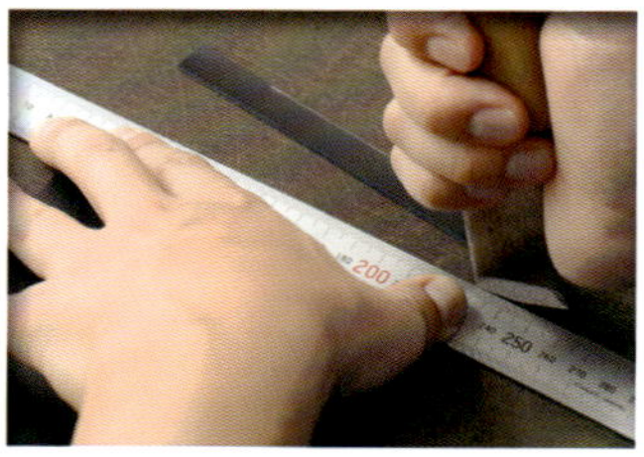

03
표시선 대로 잘라 파츠를 떼어낸다. 직선만으로 구성되어 있으므로 쇠자를 사용해 정확히 작업한다

04
각 파츠를 떼어낸다. 후에 재단할 것을 고려해서, 본체 뒷면 주위, 금속장식과 보강 가죽 아래위는 미리 3mm 여유를 두고 잘라낸다

안쪽파츠 마감

안쪽파츠(금속장식 위치, 보강재, 본체 안감)의 다듬어지지 않은 단면을 다듬고 키홀더 금속장식을 끼워서 마감합니다.

01 단면다듬기
금속장식 좌우 테두리, 보강재 사방 테두리(조립했을 때 안쪽으로 가는 테두리)의 단면을 다듬는다. 먼저 사포로 다듬는데, 테두리가 얇기 때문에 각을 치지 않는다

02
단면마감재를 묻힌 천으로 닦아서 광택을 낸다. 밝은 색 가죽을 사용하기 때문에 색을 넣지 않아도 크게 눈에 띄지 않는다. 염료는 적당히 사용한다

03
다듬은 단면에 레이어 크리저를 그어 마감한다. 알콜 램프로 가열해서 준비한다. 기본적인 크리저 사용법은 10페이지를 참고한다

04
안감, 겉면 순으로 레이어 크리저를 그어 마감한다. 너무 뜨거워서 가죽이 눌지 않도록 주의한다

05

단면 사방을 마감해 놓는다. 금속장식 위치와 보강재는 모양이 다르기 때문에 헛갈리지 않도록 주의. 폭이 살짝 좁은 것이 금속장식 위치이다

06 금속장식 끼우기

원형 펀치를 사용해서 금속장식 위치에 금속장식이 들어갈 구멍을 뚫는다. 사용하는 키홀더 장식에 맞춰 구멍 위치, 개수, 크기, 고정할 리벳을 고른다

◀ CHECK!

여기에 사용되는 키홀더 장식은 폭 33mm, 장식 4개, 직경 6mm 리벳을 2개 사용해서 고정하는 타입

07

금속장식 쪽에 펀치 머리를 대고, 종발 위에 리벳을 고정한다. 위치를 정확히 잡아야 비뚤어지지 않는다

◀ CHECK!

양면 리벳을 사용하는 경우, 안감이 불룩하게 부풀어있는 경우 조립한 다음에 금속장식 위치 아래가 붕 뜨게 된다. 종발이 평평하지 않기 때문에 가죽이 불룩해지지 않도록 한다

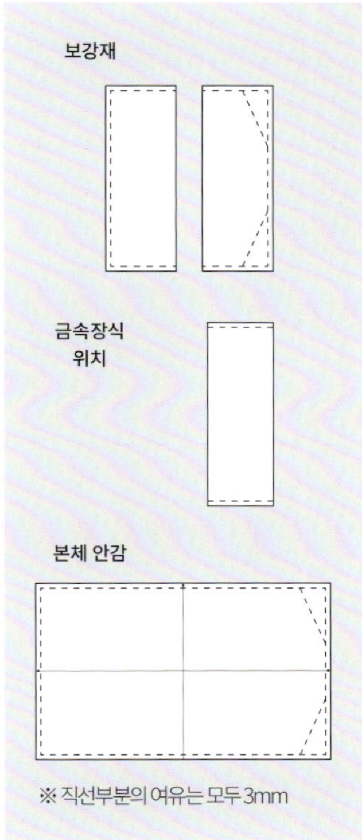

08

안쪽 각 파츠 내피와 본체 겉감을 붙이는 범위를 따라 선으로 표시한다. 중심점에는 십자선을 그어놓는다. 붙인 다음에는 안 보이기 때문에 볼펜을 써도 괜찮지만 가죽에 흠집이 나지 않도록 얇게 긋는다. 이 선 바깥쪽은 본체 겉감과 붙인 다음 잘라낸다(왼쪽 그림 참고)

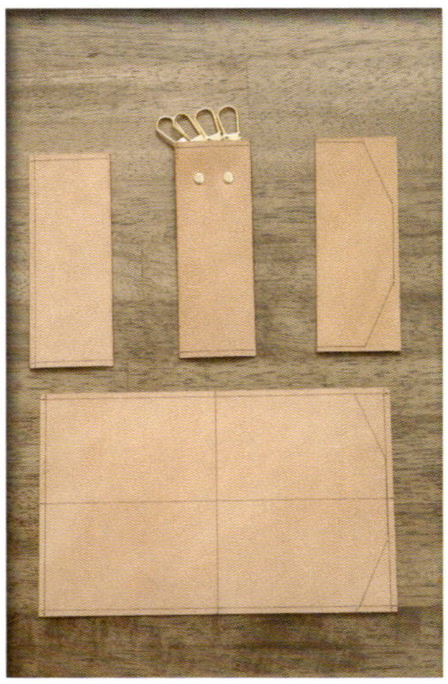

09

이상으로 안쪽파츠 아래 준비는 완료. 붙이는 방향을 확인해 둔다

본체 겉감 작업

얇은 선을 그어 구멍을 뚫은 후, 실로 꿰매 작업합니다.
피할하면 바느질할 때 두께감이 줄어 섬세한 느낌을 줍니다.

01
디바이더로 주위에 가는 선을 긋는다. 3mm 폭으로 설정했지만 사용하는 가죽의 두께나 목타 간격에 맞춰서 적당히 조절한다

02
목타를 쳐서 구멍을 낸다. 6개의 모서리에 구멍 위치가 맞춰지도록 구멍 간 폭을 조절하면서 친다

◀ CHECK!
가죽 단면이 깨끗한 마름모로 구멍 뚫리도록 한다. 목타를 세게 치면 구멍이 커져서 모양이 망가질 수 있다. 뒷면은 마름모꼴 뾰족한 면으로 관통되기 때문에 구멍이 안감까지 전부 뚫릴 필요는 없다

03 ◀ POINT!
주위를 폭 5mm 정도로 피할한다. 피할기가 없는 경우는 구두칼을 쓴다. 조금씩 정확하게 작업해서 평균적인 폭과 두께로 가죽을 뜬다. 피할하는 요령은 아래 그림을 참고한다

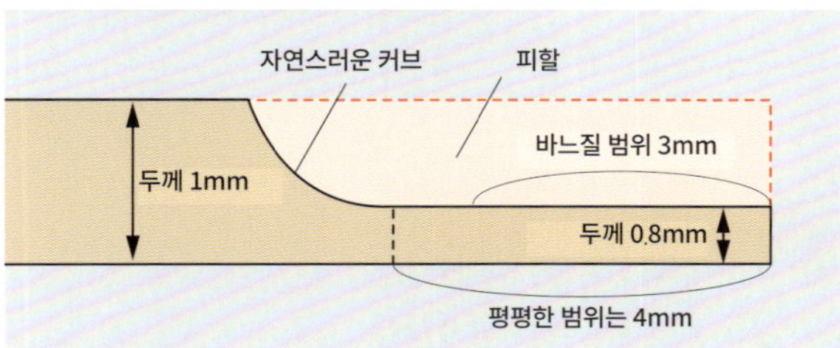

TECHNIQUE NO.01

타격용 나무 잘 쓰는 법

타격용 나무(목타)는 나무망치와 같은 도구이지만 조금 특별하기 때문에 취급하는 공방이나 상점이 많지 않습니다. 하지만 목재상에서 구입한 떡갈나무를 가공하면 간단하게 만들 수 있습니다. 특징은 목타나 도구를 때릴 때 힘의 범위를 세세하게 조절할 수 있다는 점입니다.

나무를 잡고 있는 손에 가까운 부분을 사용하면 가볍고 섬세하게 목타를 칠 수 있다. 이 페이지 왼쪽에 설명한 작업처럼 목타 간격이 좁은 경우는 구멍이 커지지 않도록 가볍게 때리는 방법을 쓰면 좋다

마름모꼴 구멍은 '관통' 보다는 '마름모꼴 구멍을 낸다'라고 생각하고 단면이 깨끗한 마름모가 남을 정도의 힘을 가감해서 때리면 바느질할 때도 섬세하게 작업할 수 있다. 특히 얇은 실을 쓸 때는 구멍이 크면 구멍이 보여서 거칠어 보인다. 뒤집어 봤을 때 구멍 위치가 살짝 보일 정도가 적정

파츠 조립하기

바깥과 안쪽파츠를 모두 작업했으므로 바느질 방향에 맞춰 조립합니다. 포인트가 많으므로 정확하게 붙여야 합니다.

01 ◀ POINT!

본체 겉감과 안감의 뒷면에 접착하는 범위를 그린다. 단면 밖으로 1cm 정도, 모서리는 부드럽게 곡선으로 그린다. 완전히 일치할 필요는 없으므로 손으로 그려도 된다

TECHNIQUE NO.02

움직임이 있는 아이템은 접착면을 작게 한다

가운데를 접착하지 않아 가죽 움직임에 여유가 생기고 부드럽고 자연스러운 느낌으로 작업할 수 있습니다. 접착제로 붙이면 단단하게 붙어버리기 때문에 확실히 형태를 잡는 경우에 씁시다.

02

본체 겉감에 안단추(수)를 끼울 구멍을 원형 펀치로 뚫는다. 위치는 단면부터 20mm 안쪽이고, 위아래는 센터 위치. 패턴을 참고

◀ CHECK!

21페이지 08에서 본체 안감에 그린 선에 맞추어 본체를 놓는다. 본체 겉감은 길이가 길기 때문에 사진처럼 가운데가 뜨게 된다

03

본체 겉감과 안감 양 파츠의 **01**에서 그려놓은 선을 따라 본드를 바른다. 선 바깥은 단면까지 빈틈없이 바른다. 얇고 균일하게 바르는 것에 중점을 둔다

04 ◀ POINT!

본체 안감에 그려놓은 센터 십자선, 그리고 패턴에서 뜬 본체 겉감의 센터 표시를 상하 함께 맞추고 중심부를 붙인다. 이때 좌우 단면이 붙어버리지 않도록 종이를 끼워둔다

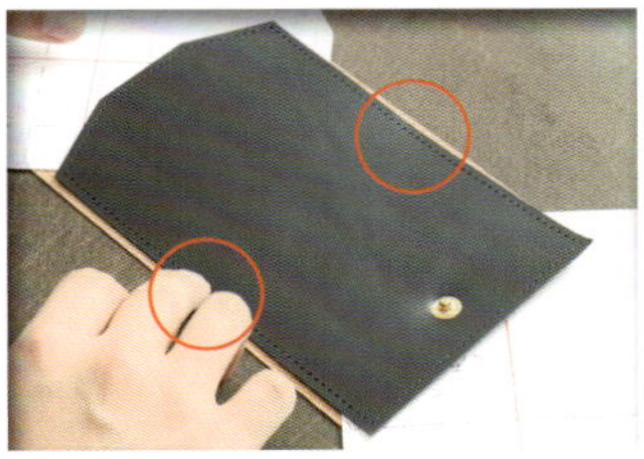

05

아직 양 파츠를 겹쳐놓기만 했고 압착은 하지 않았다. 단, 비뚤어지지 않도록 상하의 센터는 눌러서 붙여놓는다

06

이어서, 끝을 재단선에 맞추어 붙인다. 중앙과 단면 사이는 아래의 사진처럼 부풀어 오른 상태로 둔다

07

반대쪽 사이드 단면도 재단선 에 맞추어 붙인다. 본체 겉감 이 물결치는 형태가 된다

08

직선 구간(보강재를 덧댄 범위)은 평평한 상태로 붙인다. 여기는 모서리부터 25mm 위치까지. 패턴에서 표시를 해 둔다. 본드를 바른 범위를 손으로 눌러 진행하지만, 가죽이 늘어날 수 있으니 코르크판 등을 이용해서 가죽에 무리한 힘이 가지 않도록 작업한다

09

반대쪽 도트 쪽도 동일하게 직선 구간을 손으로 눌러 붙인다. 이쪽은 모서리부터 40mm 까지이다. 패턴의 표시점을 확인한다

10

중앙은 금속장식 위치를 붙이는 범위를 평평하게 압착한다. 센터 표시점을 사이에 두고 40mm 범위. 곡선 구간이 붕 떠 있는 상태

11 ◀POINT!

남은 곡선 구간은 자연스럽게 커브를 주어서 안감과 겉감을 밀착시킨다. 그 상태로 손가락으로 눌러서 비뚤어지지 않도록 정확하게 붙인다. 본체 겉감의 패턴은 1개 커브당 3mm, 합계 6mm 길게 남겨 둔다. 이것은 1mm 두께 정도의 가죽일 때의 경우여서 가죽 종류와 두께에 따라 커브 길이는 달라진다. 마음에 드는 커브를 만들기 위해 몇 번이고 도전해 보는 것이 좋다

12

본폴더를 사용해서 다시 한 번 압착한다(여기서는 늘어나지 않도록 손만 썼다). 직선은 두꺼운 종이 등을 대고 따라가면 안정적으로 작업할 수 있다. 곡선 구간은 둥근 봉이나 관 등 위에 올려놓고 작업해서 형태를 잡아준다. 또한 단면이 붕 뜨지 않도록 끝을 확실히 압착한다.

TECHNIQUE NO.03

피할한 부분은 확실히 밀착한다

주위에는 22페이지의 그림처럼 피할했기 때문에, 뒷면을 붙일 때 아래 그림처럼 틈이 생깁니다. 본폴더로 압착하는 경우는 이 공간을 확실히 밀착합시다. 바느질 하면 살짝 부풀어올라 부드러운 인상을 줍니다.

이렇게 피할한 라인을 따라 정확하게 압착하면 안쪽이 부풀어 올라 부드러운 인상이 된다. 선을 따라 바느질하기 때문에 완성 후에는 선이 이 정도로 선명하게 남지 않는다. 확실히 눌러준다

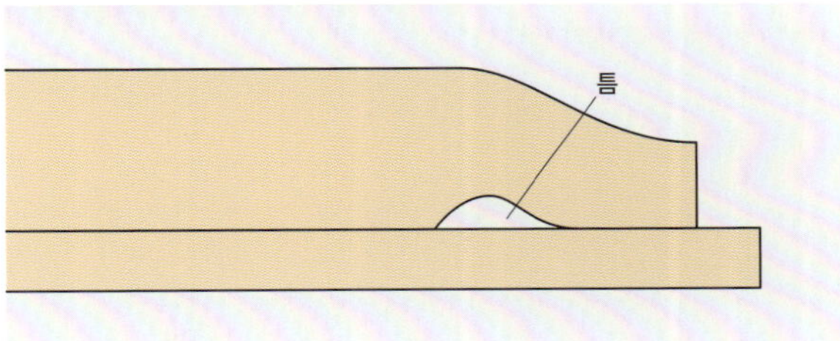

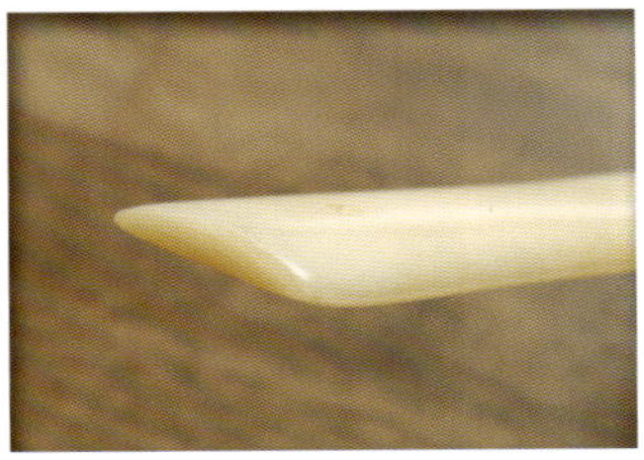

압착 작업을 할 때 포인트는 본폴더 엉덩이 부분 뿔을 사용하는 것이다. 반대쪽 뿔보다 직각에 가깝기 때문에 이런 섬세한 압착 작업에 맞는다

13

여기서 본체 안감의 여유분을 잘라낸다. 구두칼로 본체 겉감 끝을 따라 단면의 단차가 생기지 않도록 주의하면서 자른다. 아래쪽을 잡으면 섬세하게 힘을 조절할 수 있다

◀ CHECK!

곡선 구간을 평평한 작업대 위에 놓고 붙이면 가죽에 무리한 힘이 가해져 주름이 생긴다. 모서리에 놓고 작업하자

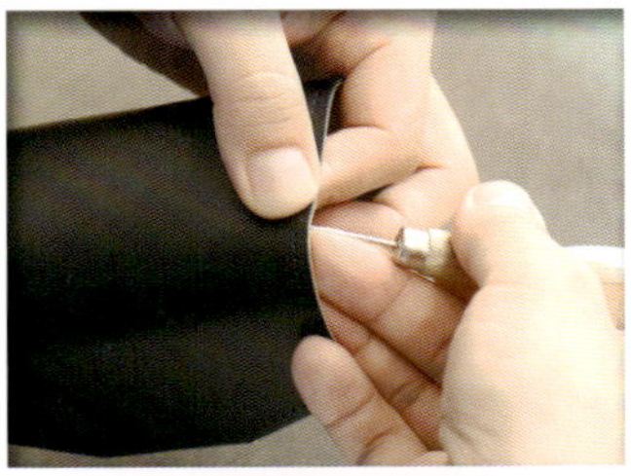

14 금속장식 위치와 보강재를 표시한다

본체 겉감과 안감에 금속장식 위치와 보강재를 붙이는 범위를 표시한다

15

양 파츠는 단면부터 3mm 폭으로 접착한다. 디바이더를 3mm로 맞추어 표시선을 긋는다. 단, 곡선 구간은 접착하지 않으므로 선을 긋지 않는다

16

선을 그린 부분을 커터칼 등으로 긁어낸다. 긁어낸 부위에 본드를 발라둔다

◀ CHECK!
금속장식 위치와 보강재의 (21 페이지 08에서 설명)끝 3mm 안쪽에 접착 범위의 선을 그린다. 금속장식 위치의 좌우, 보강재 안쪽은 접착하지 않으므로 주의한다

17
금속장식과 보강재 접착 범위에 본드를 바른다

18 ◀ POINT!
보강재에 그려둔 선과 원형송곳으로 찍어둔 표시를 기준으로 본체 겉감과 딱 맞게 붙인다. 보강재도 동일하게 붙인다

19
금속장식도, 상하의 선과 원형송곳으로 찍어둔 표시를 기준으로 붙인다

20
접착한 범위를 본폴더를 사용해서 다시 한 번 압착한다. 본체 겉감과 안감을 붙일 때의 압착한 라인을 그대로 따라서 두꺼운 종이 등을 가이드 삼아 정확하게 작업한다

21
단면이 벌어지지 않도록 확실히 압착한 다음 금속장식 위치와 보강재 여유분을 잘라낸다

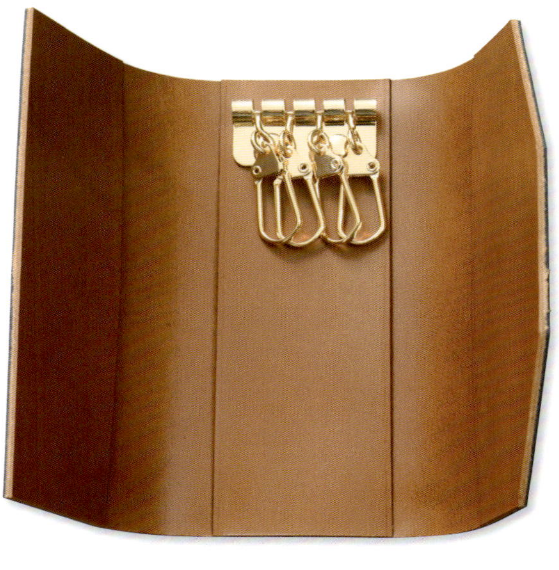

바느질하고 단면을 마감하기

파츠를 다 조립하였으므로 실과 바늘로 바느질 한 후 본체의 단면을 작업. 마름송곳을 사용하는 방법이 포인트입니다.

01

바느질의 시작(끝)은 실 매듭이 되도록 눈에 띄지 않는 위치로 한다. 구부러지거나 늘려지지 않으면서 가죽에 두께가 있는 부위가 깔끔하게 매듭지을 수 있는데, 안단추를 다는 쪽 아래쪽 모서리가 좋다

TECHNIQUE NO.04

실 색을 고르는 요령

차분한 분위기를 내는 작품은 가죽과 색을 맞춰 2종류 정도로 한정하는 것이 좋습니다. 여기서는 본체 안감 가죽과 비슷한 옅은 색을 골랐습니다. 회색이나 주황색 등 대비색을 쓰면 캐쥬얼한 분위기가 됩니다.

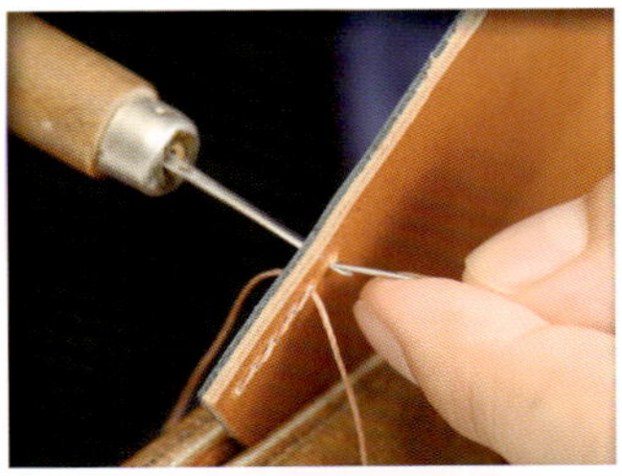

02 ◀POINT!

본체 겉감에 낸 목타 구멍을 마름송곳을 사용해 안감까지 관통해가면서 바느질한다. 이 작업의 요령은 뒤 페이지에서 설명. 이때 정확하게 구멍을 관통하지 않으면 가죽 안감이 드러나 구멍이 지저분해진다. 마름송곳 사용법에 익숙하지 않은 경우는 가죽을 코르크판 위에 올려놓고 작업한다. 구멍 한 땀씩 정확하게 관통한다. 또한 보강재나 금속장식 위치의 단차를 통과할 때는 단면을 찢지 않도록 주의한다

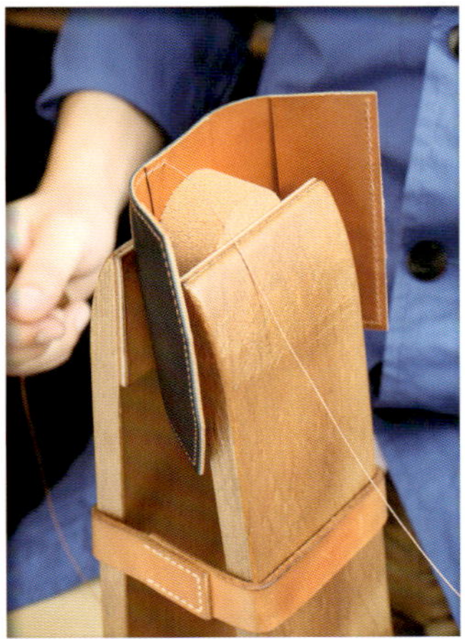

◀CHECK!

포니를 사용해서 바느질 할 때는 그대로 세워서 작업하면 곡선 구간에 힘이 가해져 늘어날 수 있다. 적당한 코르크판이나 나무판을 함께 물려서 작업하면 자연스러운 커브를 유지할 수 있다

03 ◀POINT!

실을 자를 때는 주의해야 하는데, 가죽이 얇을 때 쓰는 방법을 소개한다. 마지막 구멍 두 땀 앞에서 바느질을 멈추고, 그 앞쪽으로는 한쪽 바늘로만 바느질한다. 그대로 마지막 땀까지 가서 바늘을 되돌리고 다시 두 땀 앞까지 돌아온다. 이렇게 하면 보았을 때는 일반적인 바느질과 동일하지만 실을 자르는 부위는 모서리가 아니다. 모서리 구멍에서 실을 자를 때보다 좋은 점은 실이 저절로 풀어지는 일이 없고, 실이 겹쳐져서 확실히 재봉된다는 점이다

04

실은 가죽에 최대한 가깝게 자른다. 여기서는 본딩사인 비니모를 사용하므로 라이터로 지져서 마감하지만, 천연사를 사용할 때는 본드로 마감한다. 참고로, 실은 #5를 사용했다. 얇은 실을 얇은 목타 구멍에 사용했기 때문에 스티치를 확실히 보여준다

TECHNIQUE NO.05

마름송곳을 사용한 바느질

22페이지의 작업 시에는 섬세한 스티치를 표시하기 위해 목타를 살짝 쳤습니다. 바느질하기 위해서는 안감까지 구멍을 내야 합니다. 오른쪽 사진처럼 바늘과 마름송곳을 오른손에 함께 쥐고 구멍을 관통하면서 바느질하는 테크닉을 익힙니다. 섬세한 작업이지만 다른 각도의 사진도 참고해가면서 움직임을 기억해 둡시다.

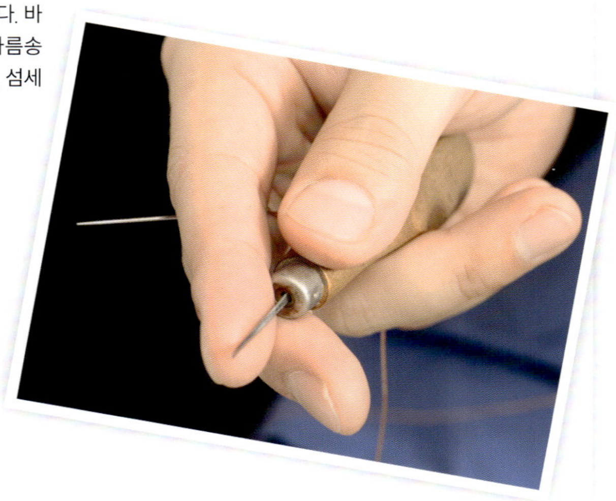

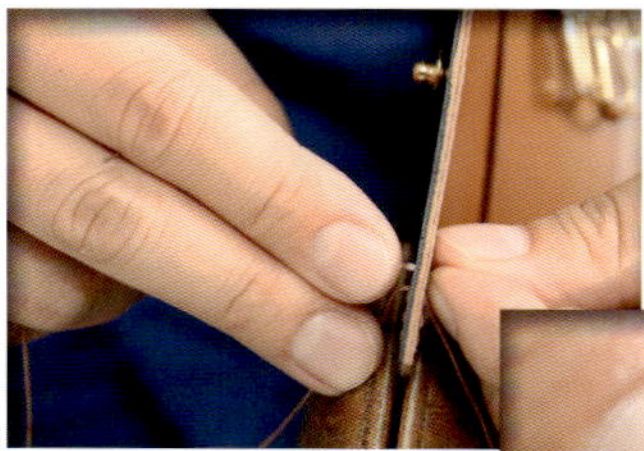

먼저 오른손에 쥔 마름송곳을 목타 각도에 맞추어 구멍에 찔러넣는다. 이때 가죽과 직각으로 구멍을 관통하는 것에 신경 쓴다

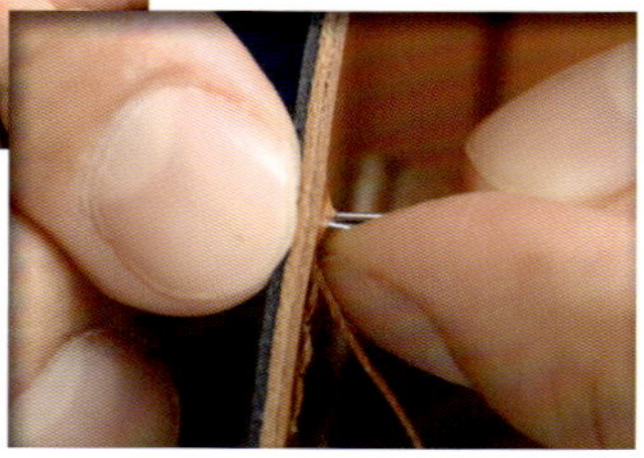

안감 쪽에 마름송곳의 끝이 조금 보이면 그것을 가이드 삼아 왼쪽의 바늘을 찔러넣는다

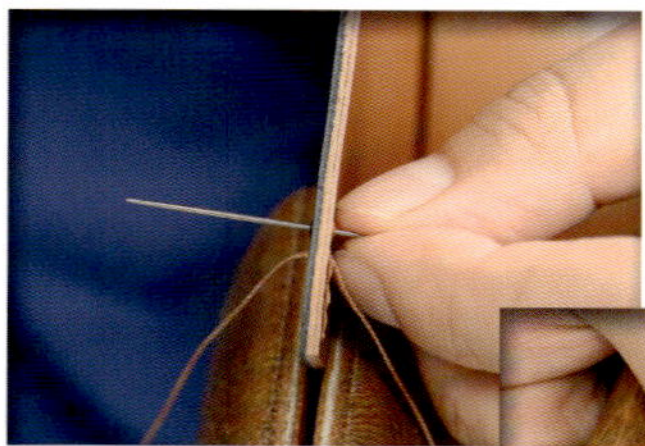

바늘 끝이 구멍에 들어가면 마름송곳을 빼고 바늘을 그대로 겉감 쪽으로 관통한다

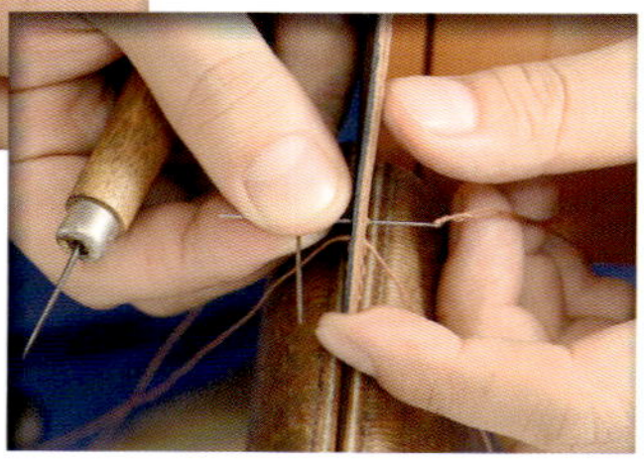

여기서부터는 통상적인 평행 스티치. 왼쪽에서 찔러넣은 바늘을 오른쪽 손에 잡는다

실을 건 상태에서 오른쪽 바늘을 통과한다. 마름송곳은 오른손 가운데 잡은 상태로 작업한다

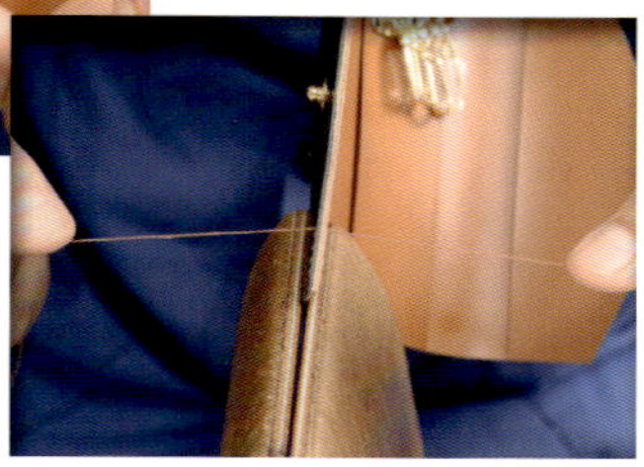

선을 잡아당겨서 한 번에 완성. ①~⑥을 반복하면서 진행해나간다

다른 각도

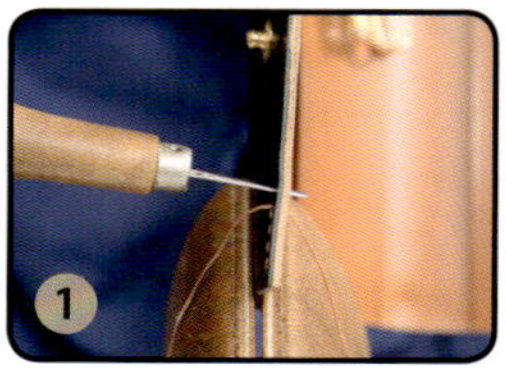

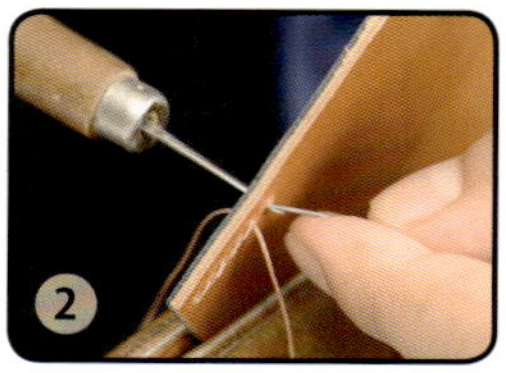

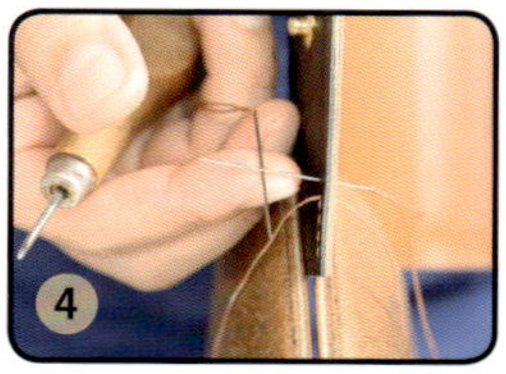

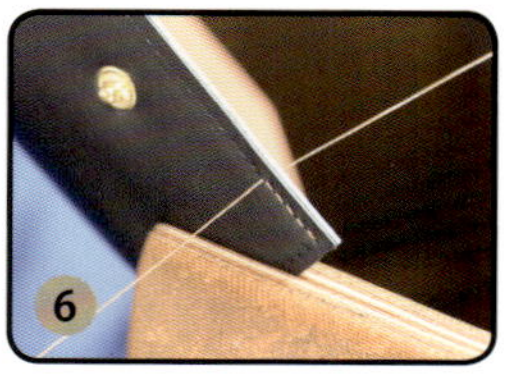

05

실을 자른 끝을 뾰족한 도구로 구멍 안에 정확하게 집어넣으면 눈에 띄지 않는다. 가죽에 상처가 나지 않도록 너무 뾰족하지 않은 스페츄라 등을 사용한다

06

구두칼 등을 사용해서 모서리를 직각으로 쳐낸다. 그 뒤의 작업이 편해지도록 자유롭게 45도 각도로 하면 좋다. 또한 직각 이외의 모서리는 사포로 가는 정도로도 충분하다

07

대패를 사용해서 단면을 다듬는다. 앞의 공정에서 잘라낸 모서리도 자연스러운 둥근 모양으로 다듬는다. 대패가 없는 경우 사포를 사용해 작업한다

08

사포를 써서 단면을 정확하게 다듬는다. 요철을 평평하게 하고, 겉감을 매끄럽게 한다

◀ CHECK!

엣지비벨러를 사용하면 단면을 균일하게 다듬을 수 있고 효율도 올라간다. 이 작업에서는 얇은 가죽을 쓰고 있으므로 너무 깊게 자르지 않도록 주의한다

◀ CHECK!

사포는 #150, #240, #400 순으로 고와진다. 고운 사포일수록 단면을 섬세하게 마감할 수 있다. 또한 방수 타입이 작업이 쉽고 오래 쓸 수 있다

09

단면마감재를 천에 발라서 다듬는다. 정확하게 마감하지 못하는 경우 08의 작업부터 다시 한다

TECHNIQUE NO.06

사포질할 때 단면 다듬기를 반복하는 이유

단면마감재를 사용하면 단면이 단단해지면서 사포를 쓰기 쉬워지기 때문에 세세한 요철도 다듬을 수 있습니다. 다듬을 때의 힘의 가감 등 요령을 익히면 2~3회 반복하기만 해도 광택있게 단면을 마감할 수 있습니다.

10

단면에 마감재를 바른다. 여러 색의 가죽을 붙여 만든 경우 단색으로 바르면 차분한 분위기가 한층 더해진다

TECHNIQUE NO.07

투톤 가죽의 단면마감재는 어두운 쪽에 맞춘다

이렇게 다른 색의 가죽을 접합해서 투톤이 된 단면에 바르는 경우는 어두운 색 가죽 쪽에 맞추어 색을 고릅시다. 단면이 1개 색으로 칠해져 단단한 인상을 줍니다.

◀ CHECK!

마감재를 바르기 전에 단면 마감을 확실히 하지 않으면 골이 파여진다. 골이 파여지면 다시 한 번 사포 작업을 반복한다

11

마지막으로 레이어 크리저를 긋는다. 안감, 겉감의 순으로 작업한다. 또한 이번에는 광택과 보강을 겸해서 단면에 왁스를 칠해서 마감한다. 선을 그어 마감하는 방법은 43페이지를 참고

도트 달기

마지막으로 가죽으로 감싼 도트 머리를 달아서 완성합니다. 감싸는 가죽은 주변을 피할해서 정확하게 마감합니다.

01

도트의 심과 머리를 준비하고 감싸는 가죽은 머리의 2배 직경의 원으로 재단한다. 직경 12mm의 머리를 사용하기 때문에 감싸는 가죽 직경은 24mm로 준비한다

02

가죽 뒷면에는 중심에서 5mm 정도의 원을 그린다. 손으로 적당히 그려도 무방하다. 원 바깥을 향해 피할해서 끝으로 갈수록 얇아진다. 단면은 그림과 같이 산 모양이 된다

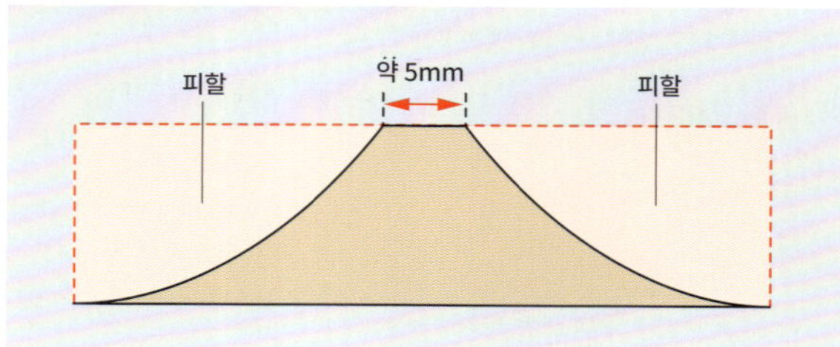

TECHNIQUE NO.08

작은 파츠를 피할하는 요령

작은 파츠를 구두칼로 피할할 때는 누르는 손이 작업에 방해되므로 작업대 단면을 이용합니다. 칼은 옆으로 슬라이드하는 것처럼 움직이고 피할 두께를 조절하면서 섬세하게 컨트롤합시다. 감싸는 가죽을 조금씩 회전하면서 전체를 동일하게 피할합니다.

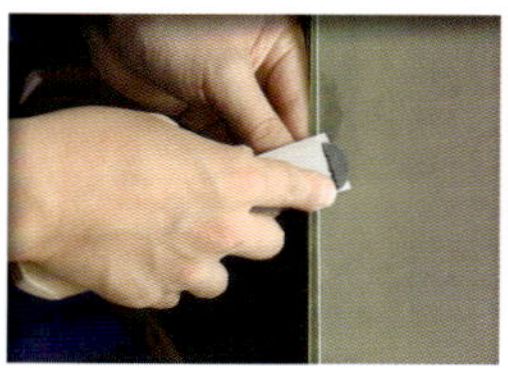

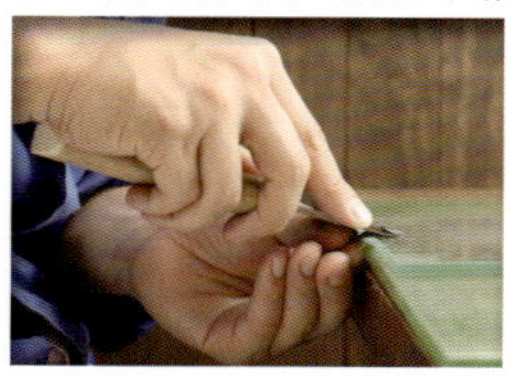

03
감싸는 가죽 뒷면과 머리에 접착제를 바르고 중앙을 맞춰 붙인다. 머리 안쪽도 접착제를 칠한다

04
감싸는 가죽 주위를 조금씩 오므려가면서 균등한 주름을 만든다. 이대로 머리 안쪽을 감싸서 손톱 끝으로 끝까지 압착한다. 주름이 균등하게 잡히지 않으면 지저분해지므로 주의한다. 또한 확실히 피할하지 않았을 때도 주름이 잘 잡히지 않는다

05
머리를 붙이는 위치를 결정한다. 키홀더를 닫은 모양으로, 앞에 붙이는 단추 부분을 살짝 눌러서 표시한다. 누르는 힘이 너무 강하면 가죽이 늘어나기 때문에 위치를 확인할 수 있을 정도로만 살짝 잡는다.

◀ CHECK!
붙이는 위치가 상하 센터인지 확인해 둔다. 위치가 어긋나면 단추를 달았을 때 구조가 어긋날 수 있다

06
단추 머리와 안단추를 끼운다. 맞는 사이즈의 원형 펀치로 위치를 잡아 구멍을 뚫고 원형 펀치로 끼운다. 확실히 끼워졌는지 확인하고 열어서 전체 형태를 맞추면 키홀더 완성

◀ CHECK!
종발 위에 올려놓고 칠 때 머리를 감싸는 가죽이 상처날 수 있다. 종발에 보호용 가죽을 올려놓으면 가죽을 보호할 수 있다

OTOHACI

SHOP DATA
otohaci(오토하치)
도쿄시 치요다구 후지미 2-3-1 노부유키 빌딩 2F
Tel/Fax 03-3263-3334
Open 화~금 12:00-20:00
토, 일 12:00-18:00
Close 월, 4번째 토, 일
URL http://www.otohaci.jp/
e-mail 0108@otohaci.jp

작품의 아름다움을 추구하기 위해서 가장 최적의 방법을 고민한다

외국의 어딘가를 헤매는 것처럼 불가사의한 공간이 펼쳐지는 otohaci 공방. 유럽의 전통 문화가 숨쉬는 가방과 소품에 절묘한 밸런스로 우에무라씨의 에센스가 가미된 작품에서 화려한 분위기가 풍깁니다. 우에무리씨는 단순하면서도 구조미를 지닌 작품일수록 본질적인 기술과 가죽의 아름다움을 반영하고 아름다운 작품을 만들고자 한다면, 작은 품도 작은 수고도 아끼지 말고 제작하는 것이 중요하다고 알려주었습니다. 작품의 비밀은 우에무라씨가 주최하는「손으로 만드는 교실」에서 배울 수 있습니다. 관심 있는 분은 오토하치 웹사이트에서 확인해보세요.

우에무라 다카시 씨

otohaci

PART II BILLFOLD

수츠 차림을 할 때는
카드와 영수증으로 두꺼운 지갑은 잊고
슬림한 지폐지갑을 안쪽 포켓에 넣어 어른다움을 연출.
스마트한 스타일링의 키 포인트는
금속장식을 쓰지 않고 심플한 구조
그리고 살짝 들어간 스티치입니다.
그 대신 안감을 확실히 붙여서 고급스러움을 연출하였습니다.

지폐지갑 만들기

제작 : 오쿠이 지로
(수공예 가죽공방 지로)
촬영 : 가지와라 다카시(Studio Kazy)

[작품 포인트]

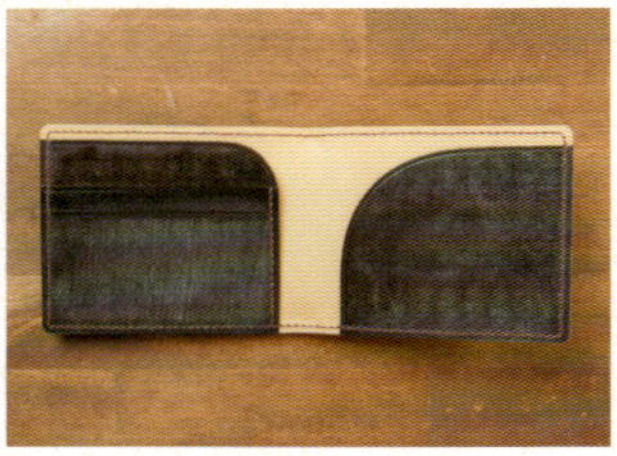

① 포켓은 스티치를 넣지 않고 깔끔하게 마감한다

좌우 포켓에도 안감을 붙이지만 안쪽 곡선 부분은 바느질하지 않고 압착한 후 단면을 다듬어서 마감합니다. 스티치가 없기 때문에 깔끔한 인상을 주면서 실의 요철이 가죽에 자국을 남기는 일이 없습니다. 다만 카드 포켓 사이드는 보강을 하기 때문에 바느질 합니다.

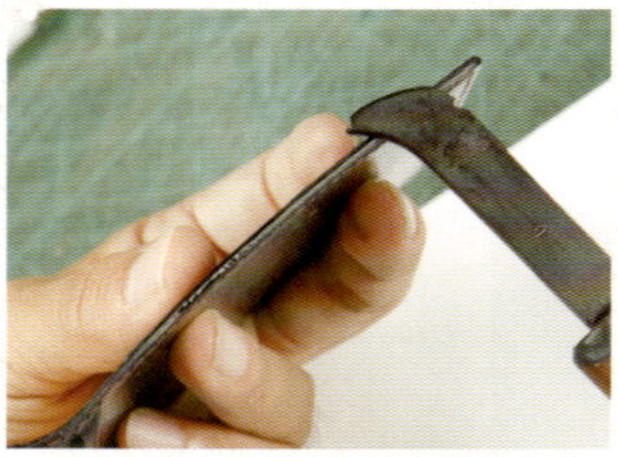

② 단면을 다듬을 때는 마지막에 왁스를 발라 마감한다

단면은 '다듬어서 평평하게 → 마감재 바르기 → 안료 칠하기' 의 순으로 마감한 다음, 왁스를 발라서 마감합니다. 이것은 코팅과 광택을 내기 위해서입니다. 열을 가한 레이어 크리저로 직접 단면에 선을 긋기 때문에 43페이지에서 설명하는 포인트대로 작업해 주세요.

③ 안쪽파츠의 치수를 바꿔서 곡선 구간을 붙인다

본체를 접은 후 깔끔한 구조가 되기 위해서 중앙 부분은 둥글려 붙여서 접습니다. 이때, 안쪽과 바깥쪽 파츠의 치수를 바꾸어서, 가죽에 무리한 힘이 걸리지 않게 됩니다. 또한 직선구간에는 보강재를 넣어서 움직이는 부분과 펼쳐진 부분을 조절합니다.

④ 붙인 후에 파츠를 커트한다

기본적으로 가죽을 붙인 후 파츠를 정확하게 커트합니다. 이렇게 하면 단면의 요철이 작아지고 단차도 눈에 띄지 않습니다. 특히 포켓 안쪽 테두리는 바느질 하지 않기 때문에 단면이 들뜨지 않고 확실히 한 장으로 보이도록 마감하는 것이 중요합니다.

[사용하는 가죽과 재료]

바깥쪽 파츠(사진 상단)에는 0.8mm의 브라이들 레더, 본체 보강재로 0.3mm의 바이린(시판되는 보강재 종류)을 사용하였습니다. 단순한 구조를 가진 아이템이어서 다른 가죽을 사용하는 경우도 어느 정도 얇아도 늘어나지 않는 가죽(단단한 가죽)이 통용됩니다. 그러나 가죽의 장력은 백본드(마르면 장력이 생긴다)를 사용하거나 보강재의 두께를 바꾸는 것으로 조절할 수 있으므로 각자 맞는 타입을 사용하면 됩니다. 안감의 각 파츠(사진 하단)에는 0.6mm의 물소가죽을 사용했습니다만, 다른 소가죽이나 돼지가죽으로도 대용할 수 있습니다. 본체와 오른쪽 포켓에 안감을 쓰지 않고 마감하는 경우 1mm 정도의 두께를 쓰면 됩니다.

[사용하는 도구]

① **사포** ② **볼펜** (가죽 뒷면에 표시하는 용도. 은펜도 사용 가능) ③ **유럽형 목타** (마름모꼴이 아니라 사선 구멍이 뚫리는 목타. 사용법은 공정 내에서 설명) ④ **콤파스** (거친 뒷면에 접착부위를 표시하는 용도로 사용합니다) ⑤ **단면 염료** ⑥ **쇠망치** (단면 주변을 확실히 압착합니다) ⑦ **크리저** ⑧ **구두칼** ⑨ **라이터** (실을 태워서 마감하는 용도) ⑩ **헤라** ⑪ **유리판** (피할 작업시 가죽을 올려놓고 사용합니다) ⑫ **원형송곳** ⑬ **마름송곳** ⑭ **면봉** (단면 마무리에 사용합니다) ⑮ **왁스** (실에 바를 때, 단면 마감 때 사용합니다) ⑯ **레이어 크리저** (단면에 레이어를 넣거나 선을 긋는 도구로 사용합니다) ⑰ **알콜 램프** (레이어 크리저를 달굽니다) ⑱ **대패** (단면이나 테두리를 밀어서 다듬을 때 씁니다) ⑲ **본드**

이 아이템에서 사용하고 있는 유럽형 목타(사선 목타)는 유럽에서 주류를 이루는 목타로, 손바느질 특유의 새들 스티치가 드러나기 쉬워서 가죽 느낌이 좋고, 깊게 쳐도 구멍이 커지지 않는 것이 특징인 목타입니다.

유럽형 목타 9호
문의 : 교신 엘르(協進エル)
(03-3866-3221 / www.kyoshin-elle.co.jp)

※ 주요 도구, 그 중에서도 특징적인 도구만 설명하였습니다. 기본적인 도구는 각자 판단하여 준비해 주세요.

파츠를 잘라내고 피할

여유 부분에 주의하면서 파츠를 잘라낸 후 피할해서 얇게 할 부분은 구두칼을 사용해서 피할한다.

01 ◀POINT!

카드포켓 상중하, 본체 겉감, 우포켓 겉감은 겉감용 가죽, 좌우포켓 안감, 본체 안감은 안감용 가죽을 사용한다. 또한, 우포켓 겉감, 안감, 좌포켓 안감의 곡선 구간(직각 두 변 이외)는, 2mm 정도의 여유를 두고 여유 있게 잘라낸다. 그 외의 부분은 패턴에 여유 부분이 표시되어 있으므로 그 모양대로 잘라낸다

02

카드포켓 상, 중의 아래쪽에 바느질하는 부분은 파츠가 겹쳐서 두꺼워지지 않도록 점점 얇아지도록 피할한다. 다만 하단은 지나치게 얇아지면 찢어져버리므로 주의한다. 어느 정도는 강도가 남아있도록 컨트롤한다

03

본체 보강재 사방을 폭 5mm 정도 피할한다. 여기는 끝의 단차가 가죽에 비쳐 보이지 않게 하기 위해 끄트머리 두께를 0으로 만든다

04

본체 안감도 전부 사방 폭 5mm로 피할하지만, 아래쪽은 여유가 없기 때문에 폭을 넓혀서 피할한다 (7mm 정도가 안정적). 또한 겉감과 붙이고 바느질하기 때문에 너무 얇아지지 않도록 주의한다

안쪽파츠 작업

좌우포켓 안팎을 붙여서 작업합니다. 단면 작업 방법이나 여유분을 잘라내는 등, 포인트가 많으므로 주의해서 작업합시다.

01 카드포켓 상

좌포켓 안감의 뒷면에 패턴을 대고 카드포켓을 붙일 위치를 그린다. 뒷면이어서 볼펜이나 은펜을 사용한다. 이때 곡선부분은 여유가 있으므로 패턴은 직선의 아래쪽에 맞춰 그린다

02

표시한 선을 바탕으로 카드포켓 상이 붙을 범위에 본드를 바른다. 바느질하면 감춰지므로 범위 바깥까지 넘쳐도 상관없다. 오히려 들뜨지 않도록 끝까지 본드를 잘 발라야 한다. 카드포켓 상 뒷면도 발라둔다

TECHNIQUE NO.09

본드 두 번 바르기 테크닉

본드를 얇게 바르면 가죽에 스며들어 접착력이 약해지는 경우가 있습니다. 이런 경우는 한 번 더 얇게 본드를 겹쳐 바르면 첫 번째 본드 때문에 가죽이 코팅되어 두 번째는 접착력이 생깁니다.

03

표시선에 딱 맞춰 카드포켓 상을 붙인다

04 ◀POINT!

크리저 몸통처럼 직각이 아닌 물건을 이용해서 전면을 눌러서 고르게 압착한다. 이때 가죽에 상처가 나지 않도록 주의한다. 또한 끝은 떨어지지 않도록 쇠망치를 두들겨서 압착한다. 카드포켓 작업은 일단 여기서 멈춘다

05 좌우포켓

좌우포켓의 안팎을 붙인다. 끝까지 확실히 본드를 발라서 직각의 각도를 맞춰 붙인다. 또한 곡선부분은 이후 작업에서 본체와 접합하면 이리저리 단차가 생기기 때문에 여기서는 지나치게 정확하게 자를 필요는 없다

06

앞쪽은 동일하게 끝은 쇠망치로 확실히 눌러주고 면은 각이 없는 물건을 이용해서 압착한다. 상처가 나지 않도록 면을 누르는 경우는 안감에서 작업하는 것이 좋다

TECHNIQUE NO.10

가죽집게 사용 요령

면의 압착은 얼룩이나 요철이 나오지 않도록 평평한 물건(도구의 몸체나 유리판, 롤러 등)으로 작업하고, 끝이 들뜨지 않도록 쇠망치로 두들겨 압착하면 좋습니다. 가죽에 상처가 나지 않도록 종이를 끼우는 등 충격을 줄여서 작업합시다.

07 ◀POINT!

직각에 맞춰 패턴을 대어 곡선구간을 원형송곳으로 표시하고 정확하게 자른다. 이것으로 좌우포켓 곡선부분이 정확한 형태가 된다

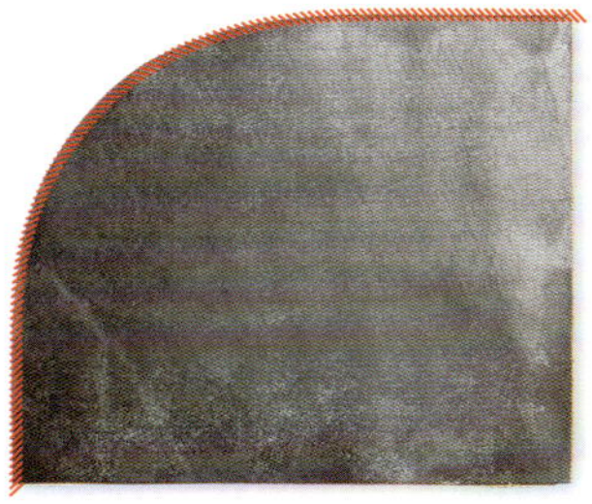

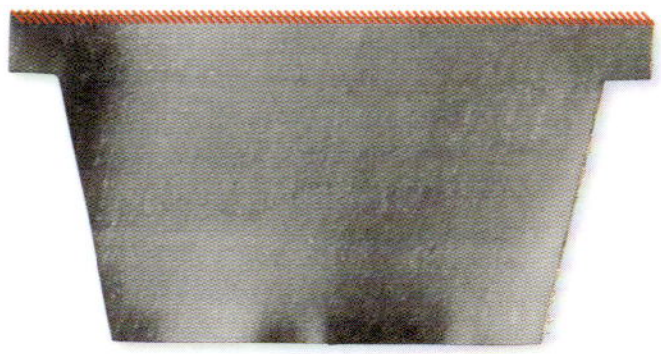

08 단면 작업

좌우포켓 곡선부분, 카드포켓 중, 하의 상단 단면을 작업한다(사진에서 붉은색으로 표시한 부분)

09

단면에 대패를 끼우고 자르는 위치를 정해 가장자리를 다듬는다. 가죽이 얇기 때문에 조금만 해도 된다. 엣지비벨러를 사용하면 지나치게 잘려나갈 수 있으므로 주의한다

◀ CHECK!

카드포켓 중, 하의 위쪽은 안감이 없어서 얇기 때문에 가장자리를 지나치게 다듬지 않도록 주의. 부드러운 가죽일 경우 사포로 다듬어도 충분하다

10

사포 #400~800으로 단면을 다듬는다. 확실히 다듬어서 요철이 없어지도록 한다

11

면봉에 적정량의 염색약을 발라 겉면에 묻지 않도록 주의해서 바른다

TECHNIQUE NO.11

염색약을 바르는 포인트

염색약은 대충 바르면 지저분해보입니다. 겉감의 각, 안감의 각, 옆면의 세 각도를 눈으로 확인하면서 정확하게 발라 깨끗한 엣지를 냅시다. 또한 이처럼 옅은 가죽에 짙은 색 염색약을 바를 때는 묻지 않도록 주의합니다.

면봉을 섬세하게 움직여서 정확하게 발라나간다. 양이 많으면 묻어나서 얼룩이 질 수 있으므로 상태를 보면서 작업한다

12

단면마감재를 바른 천 등으로 다듬는다. 확실히 힘을 넣어서 광택을 낸다. 그리고 왁스를 발라 마감한다

TECHNIQUE NO.12

단면에 왁스를 바르는 포인트

달구어진 레이어 크리저에 왁스를 묻혀 단면에 바르는 법이 기본. 레이어 크리저에 맞춰 단면에 넣는 왁스 양을 조절합니다. 이때 왁스는 코팅과 광택을 내는 용도로, 너무 많이 바르면 얼룩이 지는 역효과도 날 수 있기 때문에 주의. 표면에 발리는 적정량을 연습을 통해 익힙시다. 버터 나이프로 부드러운 버터를 넓게 바르는 느낌입니다. 왁스가 녹은 경우는 다음의 'CHECK'를 참고.

◀ **CHECK!**
레이어 크리저에는 소량의 왁스만 묻혀도 충분하다. 약간 남아있는 정도가 쓰기 좋다. 적은 양을 넓게 바르고, 모자라는 경우 여유를 남겨둔다

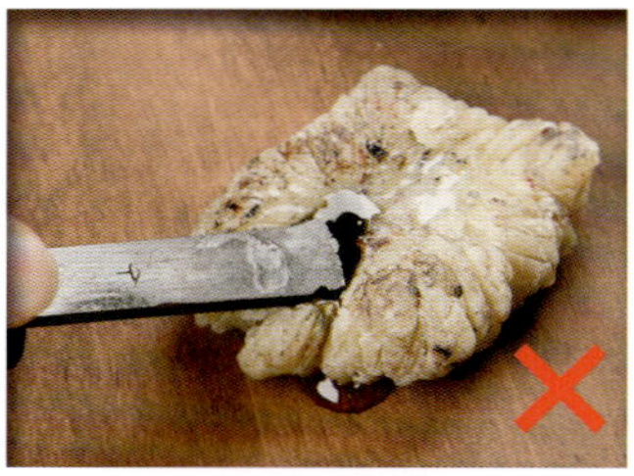

◀ **CHECK!**
레이어 크리저를 지나치게 가열해서 왁스에 대면 대량의 왁스가 붙어버린다. 그대로 가죽에 대면 한순간에 눌어붙어 얼룩이 남아버리기 때문에 왁스의 양에 주의를 기울인다

13
레이어 크리저에 바른 왁스를 작업한 단면에 눌러 넣는다. 작업은 일반적인 순서대로 하면 된다. 레이어 크리저를 적당히 가열해서 안감, 겉감 순으로 작업한다

TECHNIQUE NO.13

단면에 레이어 크리저를 넣는 시점

일반적으로 단면 연마 작업으로 왁스를 넣은 후 레이어 크리저를 쓰면 왁스를 녹이는 동시에 단면에 접합할 수 있습니다. 다만 이 순서로 작업하면 남은 왁스로 얼룩이 생길 수 있으므로 이 경우는 먼저 레이어 크리저를 먼저 대어봅니다. 특히 얼룩이 눈에 띄는 옅은 색 가죽으로 작업할 때는 동일한 가죽의 단면에 시험해서 얼룩이 생기는지 확인합시다.

14
마지막으로 천으로 가볍게 단면을 닦으면 광택이 살아난다

15 카드포켓 중, 하
앞서서 작업한 카드포켓 상에 이어, 단면을 작업한 카드포켓 중, 하 작업을 한다. 여러 파츠의 접합면(사진에서 붉은색으로 표시한 면)에 본드를 바른다. 백본드를 사용한 경우는 먼저 발라놓지 말고 그때 그때 바른다

◀ CHECK!
카드포켓 중 아래를 붙이는 위치에 본드를 바르기 때문에, 붙이는 위치를 맞춰 아래 라인에 표시한다(패턴에 기재). 이 부분에 한해 바르는 폭을 좁게 한다. 다만 끝이 들뜨지 않도록 확실하게 압착한다

16
카드포켓 중을 표시한 대로 맞춰서 좌우 팔부분, 펼쳐진 아래를 쇠망치로 두들겨 확실히 압착한다

17
카드포켓 하 아래를 바느질한다. 바느질한 부분을 쇠망치로 두들겨서 잘 맞도록 한다

TECHNIQUE NO.14

포켓 아래를 바느질할 때 아주 얇게 마감한다

안쪽 숨겨진 포켓 아래를 바느질할 때 바느질 선에 요철이 생기면 겉감에 자국이 나서 들뜨는 경우가 있습니다. 따라서 이때는 되도록 아주 얇은 실을 쓰고, 바느질이 끝나면 쇠망치로 두들겨 바느질 면을 평평하게 합시다.

18
카드포켓 하를 붙인다. 백본드를 사용하는 경우에는 이 시점에 접착면에 발라둔다. 붙이는 부분은 들뜨지 않도록 확실히 압착한다

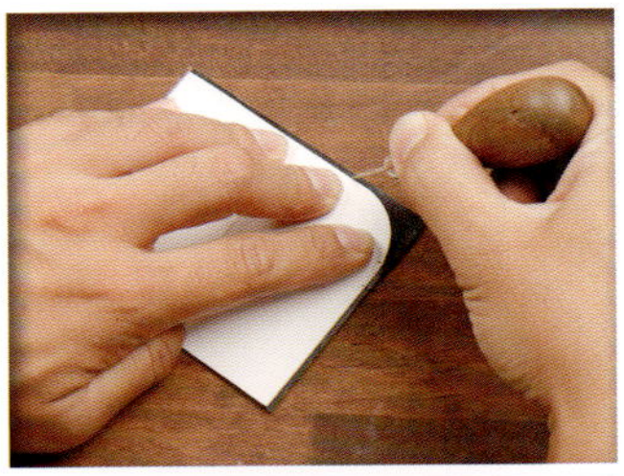

19 ◀ POINT!
직각에 맞춰 패턴을 대서 원형 송곳으로 곡선부분을 표시하고, 선을 따라 커트한다. 이것으로 카드포켓의 곡선부분을 정확히 잘라낼 수 있다

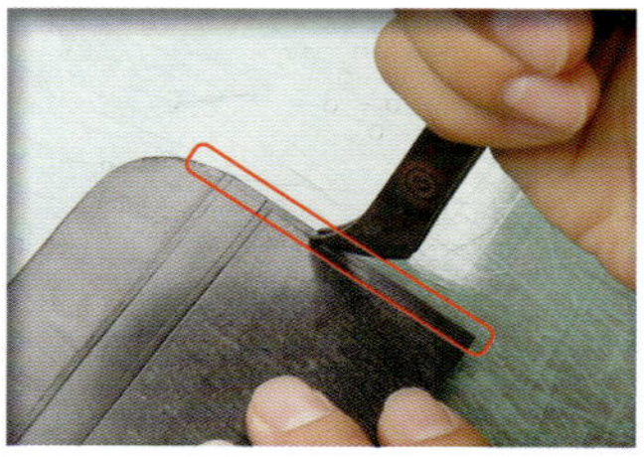

20 **카드포켓 작업**

카드포켓 중, 하의 오른쪽만 선을 긋는다. 카드포켓 중의 상단부터 카드포켓 하의 하단까지, 크리저로 선을 긋는다.

21 ◀ **POINT!**

그은 선 위에 목타 구멍을 뚫는다. 포켓 가장자리를 자르지 않도록 주의한다. 이대, 하단의 구멍 1개는 본체와 접합하는 폭을 남겨두기 위해 구멍을 뚫지 않는다사진 아래). 또한, 유럽형 목타 사용법은 요령이 필요하기 때문에 48페이지 'TECHNIQUE No.17'을 확인한다

22

구멍을 뚫은 부분을 바느질한 후 바느질한 부분을 쇠망치로 쳐서 실을 눌러놓는다

TECHNIQUE NO.15

일반적인 방법과 반대로 바느질하는 이유

일반적으로 직선구간은 손 앞쪽으로 바느질하지만 이 부분은 안쪽을 향해 바느질합니다. 실이 풀리기 쉬운 바느질 마감을 포켓 하단부로 보내서 견고하게 바느질하기 위해서입니다. 반대 방향으로 바느질하는 법을 연습해 두면 좋습니다.

23

곡선부분의 단면을 마감한다. 대패, 사포 순으로 다듬어서 단면마감재를 바르고 천으로 광택을 낸다

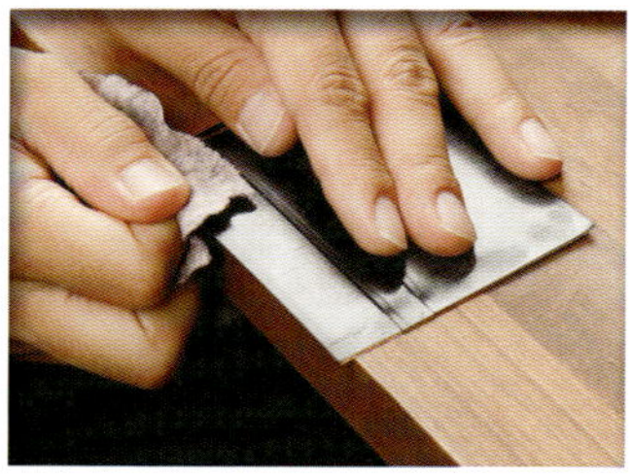

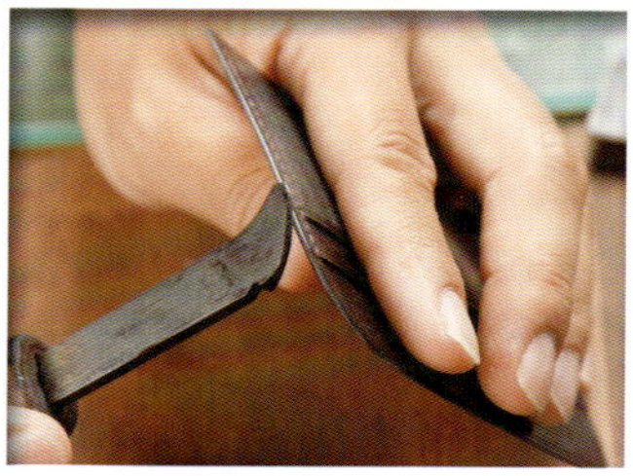

24

앞에서 알려준 것과 동일한 방법으로 단면에 왁스를 넣어 레이어 크리저를 긋는다. 이상으로 안쪽파츠는 완성

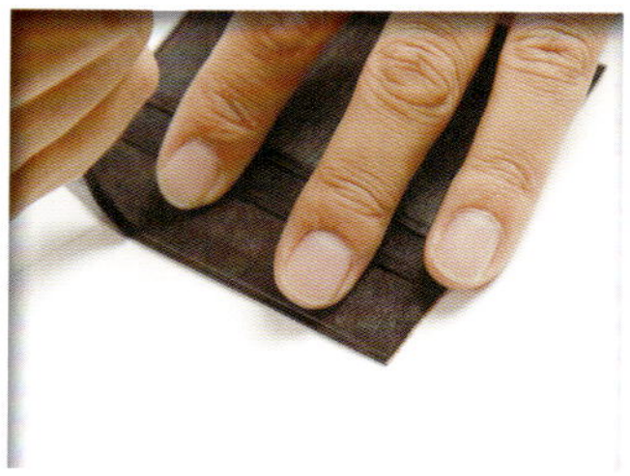

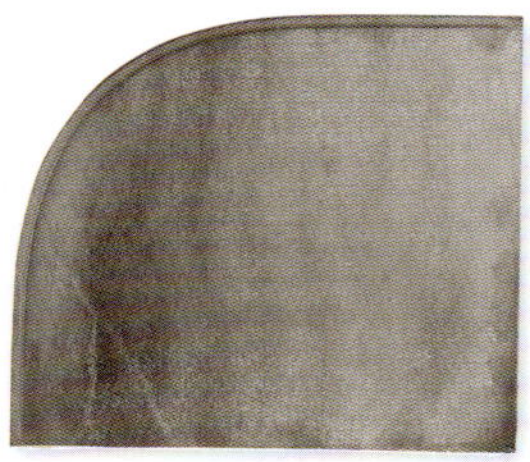

바깥쪽 파츠 작업

본체 보강재를 끼워서 본체 겉감과 안감을 붙인 후, 남는 부분을 잘라내고 바느질 구멍을 뚫습니다. 본체는 중앙 부분을 둥글게 붙입니다.

01

중앙의 구부러지는 부분은 평평하게 붙이지 않기 때문에 타원형으로 접착하지 않는 범위를 그린다. 여기에 맞춰 본체 보강재의 중심 부분에도 접착제를 바르지 않는다. 본체 겉감과 보강재에 타원을 그린다

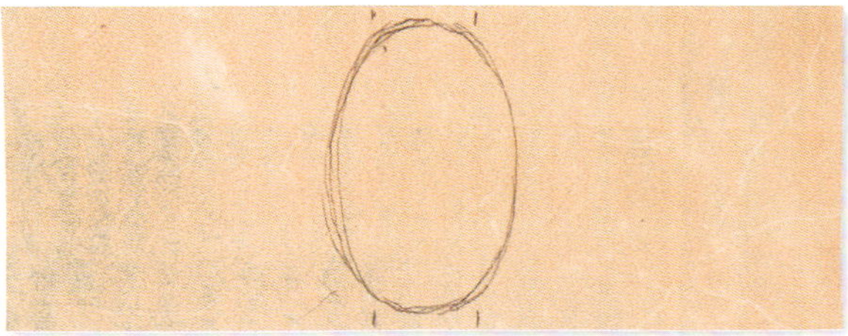

02

본체 겉감의 타원형 바깥쪽 범위에 본드를 바른다. 본체 보강재 중앙에 가까운 부분에도 접착제를 바르지 않도록 주의한다. 붙이지 않는 범위는 패턴에도 기재되어 있다

TECHNIQUE NO.16

곡선 구간은 보강재를 끝까지 붙이지 않는다

구부러진 부분은 보강재를 끝까지 붙여버리면 경계(단단한 부분과 부드러운 부분의 경계)가 두드러져 보인다. 사용할 때 힘이 걸려 꺾여버리게 되므로 가장자리는 본드를 바르지 않고 경계를 살짝 남기는 것이 좋다

03

본체 보강재는 본체 겉감보다 조금 더(2mm 정도씩) 작게 그린다. 본체 겉감 주위는 균등하게 비우고 중앙을 맞춰 붙이고 압착한다. 패턴에 붙이는 범위가 기재되어 있다

04

그 위에, 본체 보강재에도 본드를 바른다

◀ CHECK!

본체 안감에도 본드를 바른다. 본드를 한쪽 면에만 바르면 붙지 않기 때문에 두 쪽 다 바르는 것이 좋다. 백본드를 사용하는 경우는 접착하지 않는 범위에는 바르지 않는 것이 좋다

05 ◀ POINT!

본체 안감 주위에 단면에서 폭 2mm 선을 콤파스로 그려서 그 범위 안에 본체 겉감을 붙인다. 본체 겉감 치수가 조금 남도록 계산되어 있어서 중앙에서 구부려서 붙인다. 구부려 붙이는 순서는 다음 페이지에 자세히 설명. 본체 겉감을 붙이는 범위는 패턴에 기재되어 있다

06

본체 겉감 양 끝을 한쪽씩 붙인다. 가죽이 비뚤어지지 않도록 주의하면서 곡선 구간 이외는 평평해지도록 붙인다

07

양 끝부터 중앙을 향해 평평하게 붙여나가면 중앙(곡선 구간) 부분의 가죽이 남아 부풀어오른다

08 ◀POINT!

끝을 맞춰 본체를 구부릴 때 손가락을 안에 넣어 당기면 힘이 들어가서 본체 안감과 본체 겉감이 밀착되면서 붙는다

09

곡선 구간을 밀착한 다음 전체를 확실히 압착한다. 끄트머리는 들뜨지 않도록 쇠망치로 친다

◀CHECK!

이런 모양으로 구부러진 상태로 주름이나 찌그러지지 않게 붙으면 BEST. 능숙하게 완성하지 못한다면 가죽 두께나 치수를 미묘하게 조절해서 다시 도전해본다

10

본체 안감의 여유분을 잘라낸다. 곡선 부분이 남지 않도록 주의해서 작업한다

11

겉감 사방을 크리저로 선을 긋고 바느질 구멍을 뚫는다. 목타를 사용할 때는 일반적인 방법을 써도 되지만, 여기서 사용하는 유럽형 목타는 취급하는 방법에 요령이 있어서 아래에 기재한다

TECHNIQUE NO.17

유럽형 목타로 구멍 뚫는 포인트

유럽형 목타로 뚫는 구멍은 평평하고 일직선인 일반 목타처럼 둥근 끄트머리를 바느질 선상에 맞출 수가 없습니다. 그래서 일반보다 좀 더 바깥쪽으로 당겨서 구멍 끝을 선에 맞춰 구멍을 뚫습니다. 이렇게 하면 바느질한 뒤에도 바느질 선이 도드라지기 때문에 가죽면에 상처가 나지 않는 크리저 사용을 추천합니다.

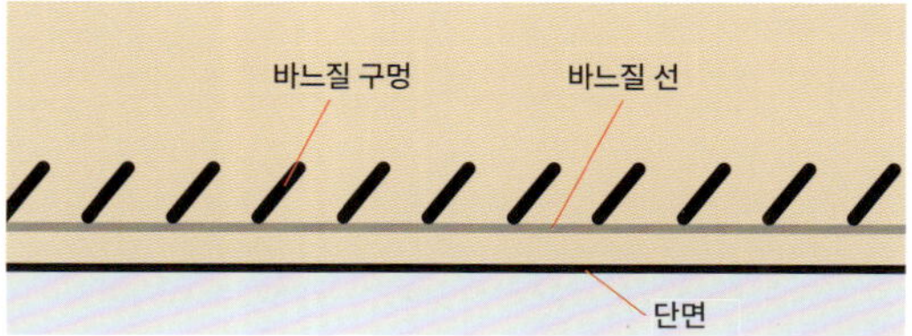

파츠를 조립하고 마감

여기까지 작업한 각 파츠를 붙이고 바깥쪽을 바느질해서 본체를 완성합니다.

01

본체 겉감의 패턴에 표시한 포켓 붙이는 위치를 본체 안쪽에도 표시한다. 우포켓은 하단에서 79mm, 오른쪽 끝에서 90mm , 좌포켓은 하단에서 79mm, 왼쪽 끝에서 94mm. 표시를 바탕으로 포켓을 접착하는 범위(단면에서 폭 3mm 정도)를 남겨둔다

02 ◀POINT!

양 포켓 접착범위(직각 양 옆으로 두 변)을 남긴다. 포켓은 붙인 뒤 2mm정도 남겨서 잘라내고, 그것을 고려해서 폭 5mm 정도로 남겨둔다

03

남긴 부분에 접착제를 바른다

04

01에서 표시한 표시점에 맞춰 양 포켓을 붙인다. 어느 쪽이건 본체부터 2mm 정도씩은 튀어나와 있는 것을 확인한다(이 여분 2mm는 패턴에 그려져 있다)

◀CHECK!

바느질 선상의 단차를 넘기는 부분(모두 4개)는 실이 정확히 테두리에 걸쳐져야하기 때문에 테두리가 본체에 난 구멍 사이에 들어가도록 붙이는 위치를 세밀히 조절한다

05

포켓 파츠는 바느질 구멍이 나 있지 않기 때문에 겉감에서 목타를 쳐서 본체에 구멍을 뚫는다. 뒤는 마름송곳으로 관통하기 때문에 구멍이 커질 만큼 세게 치지 않아도 된다

TECHNIQUE NO.18

바느질 시작 위치를 정하는 방법

테두리를 바느질 할 때, 실을 자르는 부분이면서 바느질의 시작이 될 구멍은 아래의 3개를 기본으로 결정하면 됩니다. ① 실을 자른 곳이 눈에 잘 띄지 않는 곳 ② 곡선구간은 실이 쉽게 풀리기 때문에 피한다 ③ 확실히 실이 매듭질 수 있는 두꺼운 부분. 이 아이템의 경우 사진에 동그랗게 표시한 위치가 최적입니다.

06 **바느질**

마름송곳으로 구멍을 관통하면서 일렬로 바느질한다. 겉감 스티치를 확실히 보여주기 위해 단차에 실을 이중으로 걸거나 바느질 시작과 끝에서 바늘을 되돌려 돌아오지 않는다

07

실은 비니모를 사용하지만 불로 지지면 실이 끊어진 부분이 말려서 눈에 띌 수 있으므로 본드로 마감한다. 가죽에 최대한 가깝게 자른다. 스티치가 확실히 보일 수 있도록 한다

08

양 포켓 여유분을 잘라내면서 4개의 모서리도 조금씩 잘라둔다. 단면 마감 작업에서 정확하게 둥글리기 때문에 여기서는 대략적인 원형이 나오게만 하면 된다

09 **단면다듬기와 왁스바르기**

바느질한 단면을 대패로 평평하게 깎는다. 앞서 자른 모서리도 둥글게 다듬는다

10

추가로 사포를 써서 단면 표면을 다듬는다. 가죽이 얇기 때문에 단면 모서리를 지나치게 깎아낼 필요는 없다

11

단면에 염색약을 바른다

12

단면마감재를 발라 천으로 광택을 낸다. 단면에 광택이 나오도록 확실히 힘을 준다. 붙인 부분이 표시나지 않고 1장의 가죽으로 보이도록 **10~12** 작업을 반복한다.

13

다듬은 단면에 왁스를 바른다

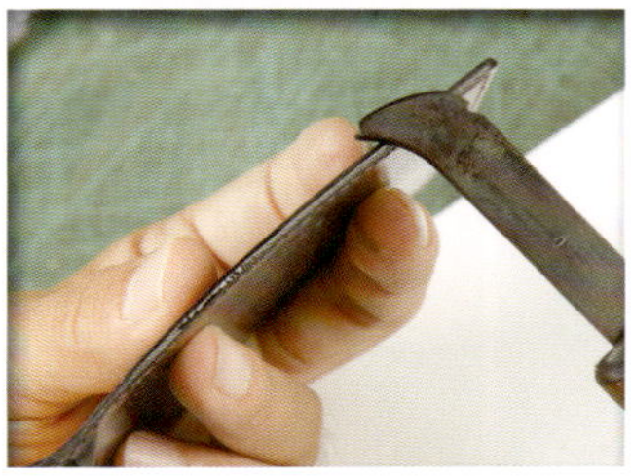

14

천으로 가볍게 문지른다

15

안감, 겉감 순으로 레이어 크리저를 긋는다. 단차가 있는 부분은 미끄러지기 쉽기 때문에 한번 손을 멈췄다 정확히 작업한다

◀ CHECK!

둥근 각 부분도 레이어 크리저 끝을 이용해서 다듬는다

leatherwork
jirō

5

오쿠이 지로 씨

확실한 기술을 뒷받침하는 오소독스하고 세련된 디자인

가방을 중심으로 다양한 가죽 아이템을 추가하여 실버 악세서리도 제작하는 가죽공방 지로는 오소독스하고 기능적인 디자인이 콘셉트. 세심한 부분까지 놓치지 않고 정확하게 작업한 작품이 고가를 수리한 소박한 아틀리에 겸 숍에 전시되어 있는 것을 보면, '심플한 디자인이 가지지 않은 것은 특징이 아니라 약점'이라는 것을 절실히 느끼게 됩니다. 다만 이것은 확실한 기술과 많은 작품을 만들어본 경험을 소재나 금속장식 선택의 혜안, 그리고 오쿠이씨 독자적인 센스로 인한 것이겠지요.

매일매일 퀄리티 향상을 위해 노력하는 오쿠이씨의 작품에 관심 있으신 분은 가죽공방 지로의 풀 오더를 이용해 보세요.

SHOP DATA
수제가죽공방 지로
치바현 치바시 주오구 시오미가오가초15-9 Tel/Fax 043-302-4833
Open 11:00~19:00 (일, 휴일은 13:00~)
Close 화
URL http://leatherwork-jiro.com/ e-mail jiro@leatherwork-jiro.com

LEATHERWORK JIRO

PART III WATCH BAND

기억에 남는 명 무대는
주연을 돋보이게 하는 명 조연이 존재합니다.
마음에 드는 시계를 빛내주는 시곗줄 역시
명 조연의 역할을 해 줍니다.
세부적인 요소까지 꼼꼼하게 작업하며
이상적인 형태를 만들어내어
잘 어울리는 시곗줄을 만들어봅시다.
눈에 띄지 않는 부분일수록 품질을 고집하는 것,
그것이 어른의 여유입니다.

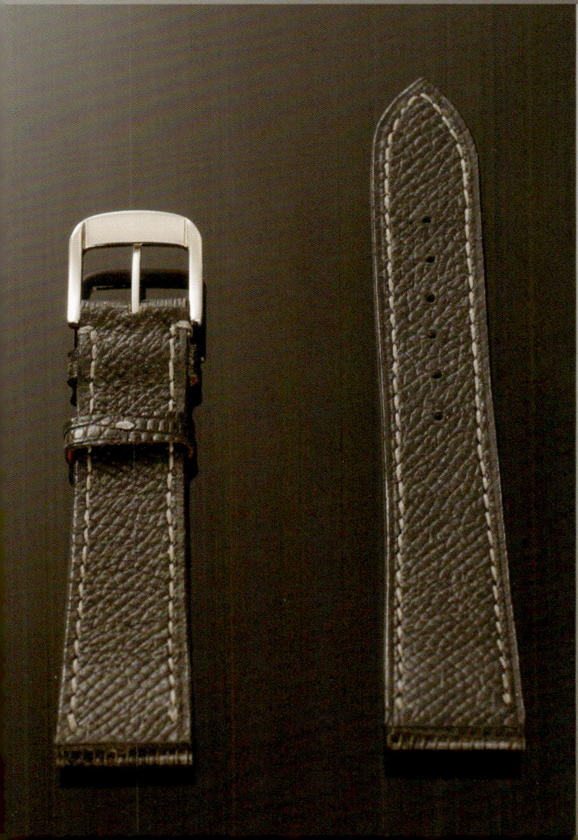

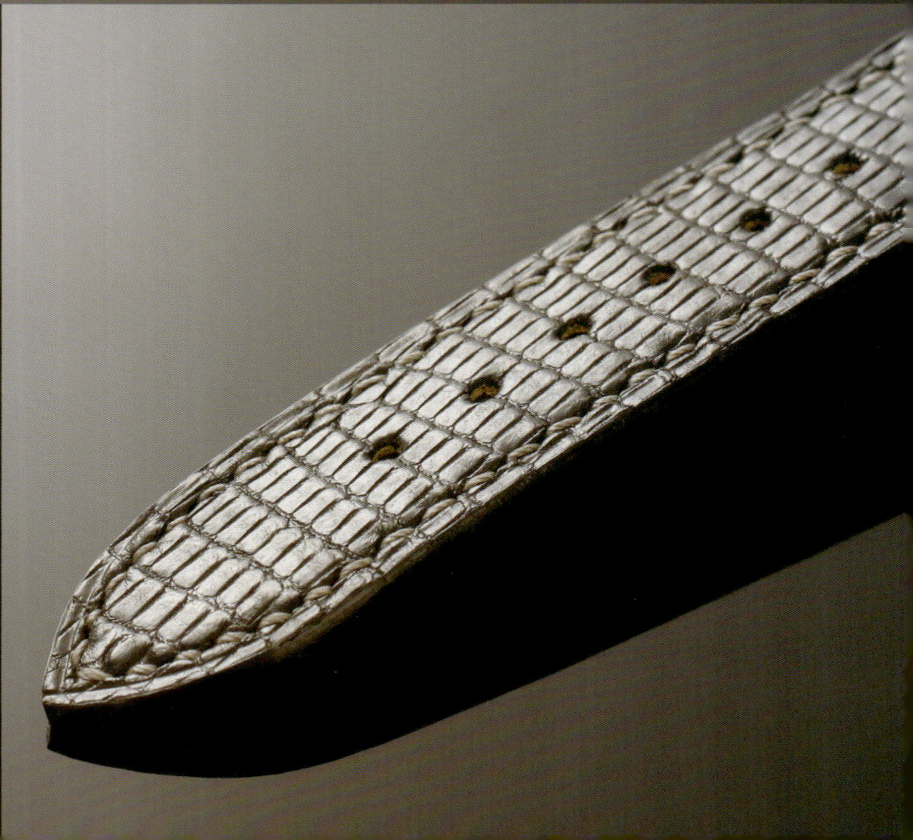

WATCH BAND

시곗줄 만들기

제작 : 가와이 요시아키
(Leather Goods & Bags KAWAI)
촬영 : 가지와라 다카시
(Studio Kazy)

[작품 포인트]

① 대피를 댄 도마뱀 가죽을 사용한다

이번에 겉감 소재로 사용하는 도마뱀 가죽은 이국적인 특수가죽 중 비교적 손에 넣기 쉽고 가격도 저렴한 것이 특징입니다. 포인트는 도마뱀만으로는 너무 얇아 내구성이 떨어지므로 소가죽 등을 뒤에 대는 대피 작업을 하는 것입니다. 대피까지 합쳐서 실제 두께가 되므로 적절한 두께가 되도록 조절합니다.

② 부분 피할을 많이 쓴다

가죽공예는 소품일수록 어렵다고들 합니다. 그 이유는 약간의 상처나 작은 요철이 완성도를 좌우하기 때문입니다. 시곗줄은 그 중에서도 최고라 불리는 섬세한 아이템. 약간의 단차도 생기지 않도록 부분 피할을 합니다. 동시에 이상적인 형태를 만들어내기 위해 정확하게 작업합시다.

③ 정밀한 재단이 중요하다

②와 동일하게 약간만 재단이 틀어져도 완성품의 품질이 달라집니다. 패턴대로 정확하게 재단해야만 각 부분이 의도한 형태를 정확하게 만들어낼 수 있습니다. 재단 시, 가죽에 선을 긋고 잘라내는 방법으로는 미세한 오차가 생길 수 있으므로 플라스틱에 패턴을 붙여 세공용 정밀 커터로 직접 잘라냅니다.

[사용하는 가죽과 재료]

겉감, 안감, 보강재 3종을 사용합니다. 루프 가죽은 겉감과 동일한 소재입니다. 색이 빠지지 않는 가죽이어야 하며, 특히 안감은 피부에 닿기 때문에 땀을 너무 흡수하지 않는 재질을 고릅니다. 일반적으로는 탄닌 가죽보다 크롬 가죽을 많이 쓰고, 이번처럼 단면이 나오는 경우는 단면 마감 약칠기, 혹은 단면을 시접해서 마감합니다. 보강재는 부드러운 탄닌 가죽을 쓰면 됩니다. 두께는 겉감, 안감이 1mm, 보강재 2mm, 루프 가죽은 0.7~1mm입니다. 도마뱀 가죽은 약 0.3~0.5mm 두께로, 0.7mm 정도의 대피를 대서 1mm로 만듭니다. 안감은 카프로 준비했습니다.

[사용하는 도구]

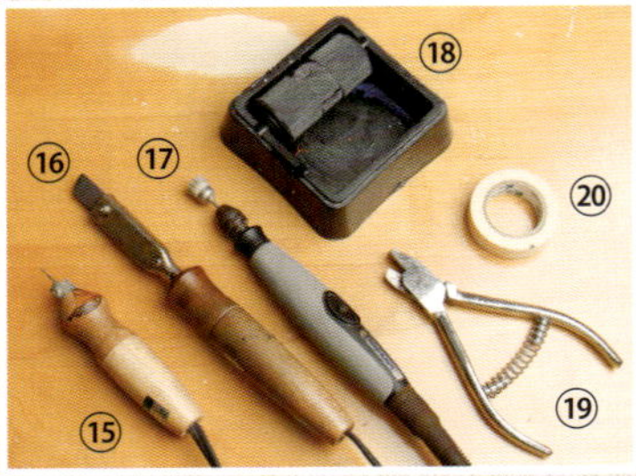

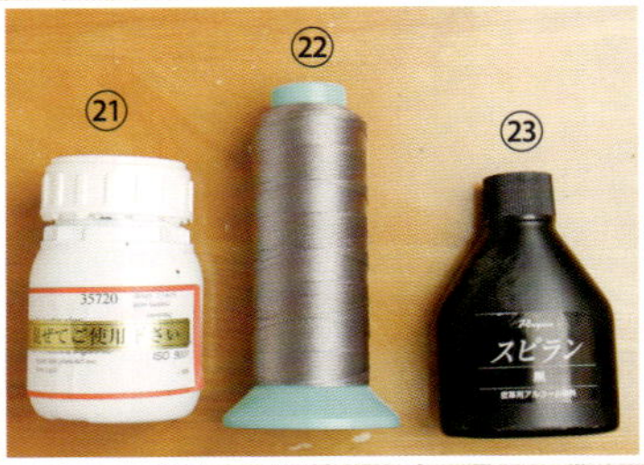

① **헤라** ② **쇠자** ③ **콤파스** (볼펜 심을 붙여서 사용) ④ **목타** (2.5~3mm 간격) ⑤ **원형 펀치** (직경 15mm) ⑥ **디바이더** ⑦ **가죽집게** (가죽 압착 시 사용) ⑧ **롤러** ⑨ **마름송곳** ⑩ **원형송곳** (실 끝을 바늘 구멍에 넣을 때 쓰기 때문에 끝 부분은 살짝 둥글게 놔둡니다) ⑪ **커터** (세공용 30도 각도날) ⑫ **손잡이형 가죽칼** ⑬ **구두칼** (자주 갈아주어야 합니다) ⑭ **레이어 크리저** ⑮ **전기펜** (비니모 실 매듭 시 사용합니다. 라이터로도 가능합니다) ⑯ **전열 크리저** (전기 고데기 타입의 크리저. 구하기 힘드므로 일반적인 크리저를 사용해도 됩니다) ⑰ **핸드피스** (단면 마감 작업용. 여기서는 류터사의 사포 버프와 비트를 사용합니다) ⑱ **약칠기** (안료 타입의 마감재를 깨끗하게 바를 수 있는 편리한 도구. 없으면 뾰족한 도구로 대용할 수 있습니다) ⑲ **소형 구멍 공구** (버클의 핀이 통하는 구멍을 뚫는 전용공구. 시계 재료점 등에서 구할 수 있습니다) ⑳ **마스킹테이프** (가죽에 표시용으로 활용합니다. 사용 방법은 공정 내에 설명합니다) ㉑ **오를리**(Orly. 이탈리아의 수성 엣지코트 브랜드. 안료 타입의 단면마감재이며 색은 가죽과 맞춥니다)㉒ **비니모** (섬세한 스티치를 하기 위해 8번사 정도로 가는 화기성 실을 바느질에 사용합니다) ㉓ **단면용 염료** (오를리를 바르기 전의 베이스코트로서 단면을 칠합니다. 색은 가죽에 맞춰 선택합니다)

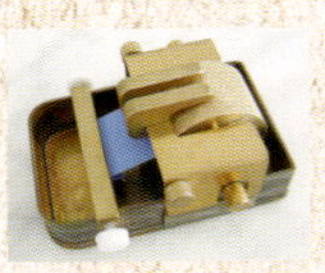

단면에 도료 타입의 마감재를 바를 때 약칠기를 사용하면 손으로 칠하는 것보다 깨끗하게 표면을 마감할 수 있습니다.
약칠기. 문의 : 교신 엘르
(03-3866-3221 / www.kyoshin-elle.co.jp)

※ 주요 도구, 그 중에서도 특징적인 도구만 설명하였습니다. 기본적인 도구는 각자 판단하여 준비해 주세요.

[시곗줄 제작을 위한 예비 지식]

① 각 부분의 명칭

시곗줄을 시계에 달 때는 엔드피스에 난 구멍에 '바넷핀'이라 불리는 핀을 통과하고, 케이스(시계본체)에 붙은 '러그'에 달아 세트합니다. 또한 시계의 문자판을 정위치에서 보았을 때, 6시(아래)에 붙이는 쪽을 '끝쪽', 12시(위) 쪽이 '버클쪽'입니다. 끝쪽과 버클쪽은 기본은 동일한 구조이지만 버클쪽은 길이가 끝쪽의 80% 정도에 버클이 달려있습니다. 아시는 바와 같이 끝쪽에 난 '구멍'에 '버클'의 '버클텅'을 끼워서 고정하고, 일반적으로 '루프'라 불리는 링에 끝쪽의 끄트머리를 통과해서 고정합니다. 루프는 버클 바로 뒤에 고정하는 고정루프와, 그 뒤에 움직일 수 있는 '자유루프'의 두 개로 나뉩니다.

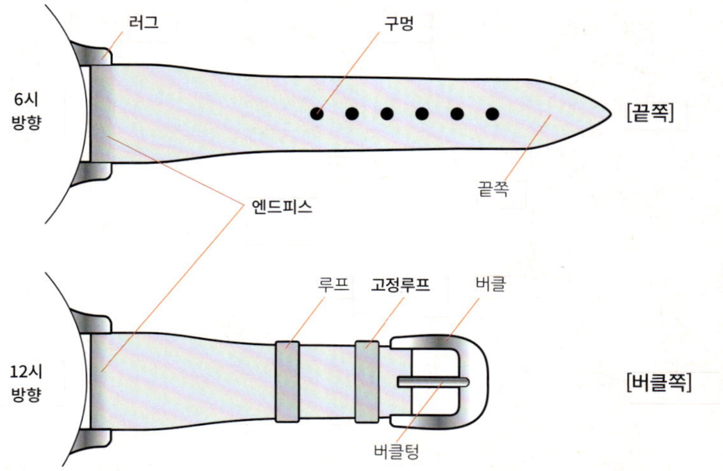

② 각 부분의 사이즈

바깥쪽 사이즈는 어느 정도 일반화되어 있습니다. 끝쪽과 버클쪽 길이(Ⓐ/Ⓙ)는 남성용 115/75mm, 여성용 110/70mm, 시계본체(러그)와 끝쪽 폭(Ⓑ/Ⓒ)은 18/16mm, 20/18mm, 혹은 22/20mm 정도. 두께(Ⓓ/Ⓔ)는 4/2mm가 일반적입니다. 엔드피스부터 가늘어지는 부위 까지(Ⓕ)는 40mm 전후. 구멍은 끝쪽 끄트머리 위치(Ⓖ)가 25mm, 구멍 수는 6~7개가 일반적으로 전자는 7mm 간격으로 35mm 길이. 후자는 6mm 간격으로 36mm가 됩니다(Ⓗ/Ⓘ). 다만 주문제작의 경우는 1~3개 정도로 구멍수가 줄어들 수도 있습니다. 루프폭(Ⓚ)은 통상 5mm. 시계가 점점 커지는 트렌드로 인해 사이즈도 같이 커지고 있습니다.

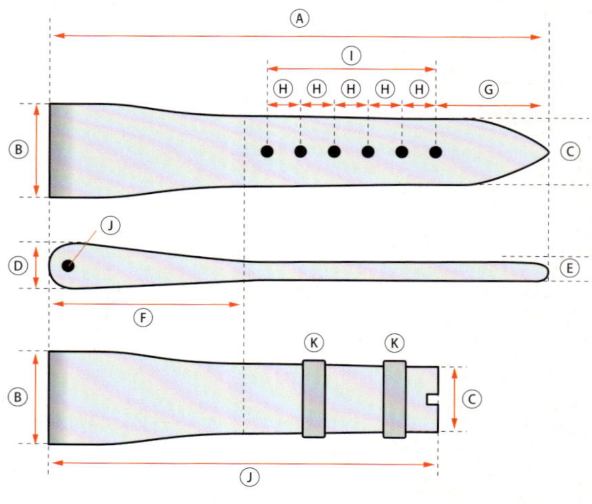

③ 구조

기본적인 구조는 겉감, 안감, 보강재로 나뉩니다. 보강재는 엔드피스부터 테이퍼까지를 잡아주는 역할로 이번처럼 겉감, 안감과 동시에 바느질하는 경우, 또는 좌우 스티치 부분을 없애고 중앙에 모으는 경우가 있습니다(우측 ⑤ 참고) 바넷봉과 버클텅을 통과하는 부분은 겉감이 안쪽으로 말리고 안감이 그 바깥에 붙기 때문에 보았을 때는 구멍이 안쪽에 나 있습니다.

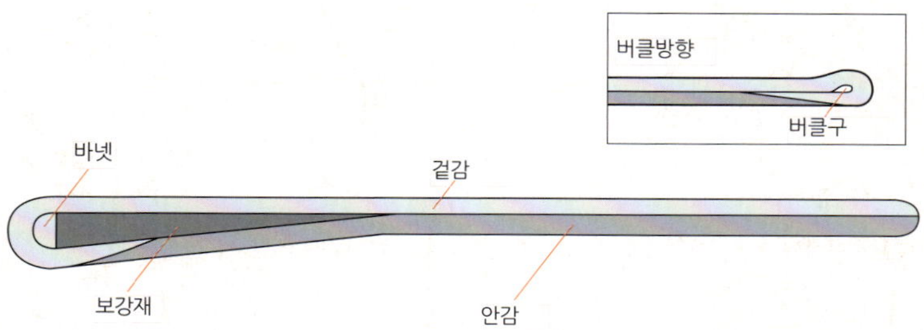

※테이퍼는 두께나 폭이 줄어드는 부분을 가리킵니다.

④ 소재와 재료

앞에서 소개한 겉감, 안감, 보강재용의 가죽 외에도 몇 개의 재료를 더 사용합니다. 버클은 폭을 맞추어 준비합니다. 이 책에서 사용하는 패턴은 16mm입니다. 시계에 달려 있는 것을 사용해도 되지만 새로운 버클텅을 구입할 경우는 시계재료 전문점이나 온라인에서 구하면 됩니다. D버클이라 불리는 변형되는 버클도 있습니다(아래). 또한 가죽을 마는 부분에 보강재를 대기 때문에 빳빳하고 질기면서 얇은 (0.025~0.15mm) 화학섬유로 준비합니다.

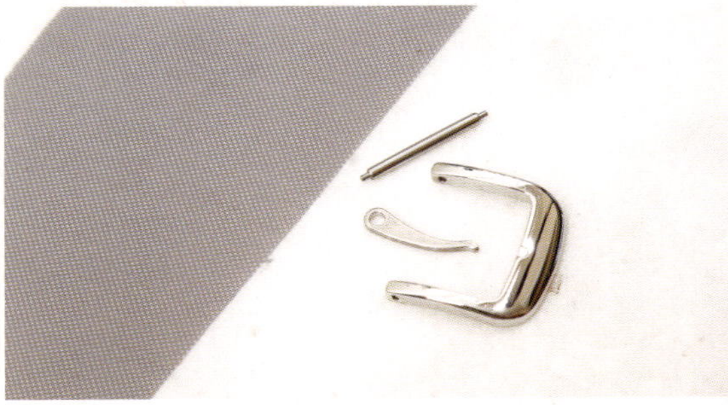

D 버클

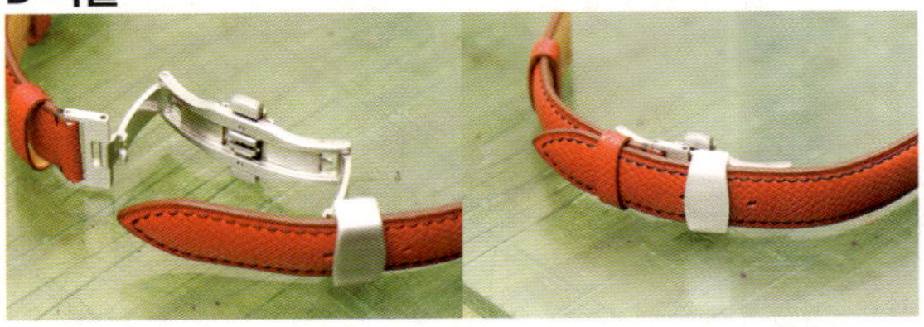

D버클은 일반적인 버클에 덧댈 수도 있지만 루프가 필요 없고 탈착 시 끝쪽을 잡아당길 필요가 없다. 그래서 시곗줄에 무리한 힘이 가해지지 않고 오랫동안 쓸 수 있다. 또한 버클을 다는 부분의 중앙에 구멍(버클텅 구멍)을 뚫지 않아도 되어서 편리

보강재

말아 붙이는 부분(바넷봉이나 버클핀을 끼우는 부분)의 안쪽에는 보강을 위해 얇고 질긴 천을 덧댄다. 일반적으로 보강재로 사용되는 천은 너무 얇기 때문에 되도록 얇지만 질긴 천을 천 전문점에서 고르는 것이 좋다

⑤ 사이즈, 형태, 모양 변형

이 책에서 만드는 시곗줄은 폭 18/16mm, 두께 4/2mm, 길이가 끝쪽 18/16mm, 버클쪽 75mm 단면이 플랫한 타입으로 가장 베이직 스타일입니다. 다만 사이즈는 시계에 따라 바뀔 수 있기 때문에 일반적인 사이즈를 참고로 균형에 맞게 조절하면 됩니다. 여기에서는 구조가 정돈될 수 있도록 두께가 줄어드는 위치를 밸런스 좋게 배치하는 것이 포인트입니다. 또한 실용적인 면에서도, 버클을 가장 안쪽 구멍에 걸 때, 끝쪽이 두께가 얇아지는 부분과 겹쳐지지 않도록 설정해야 합니다. 끝쪽의 형태는 자유이지만 대표적인 4개의 디자인을 오른쪽 상단에 소개합니다. 또한 이번에는 만드는 난이도 면에서 플랫한 단면을 채용했지만 보강재 사이즈를 커트해서 볼륨감을 만들면 오른쪽 그림처럼 중앙에 가죽이 겹치는 스타일 어레인지도 가능합니다.

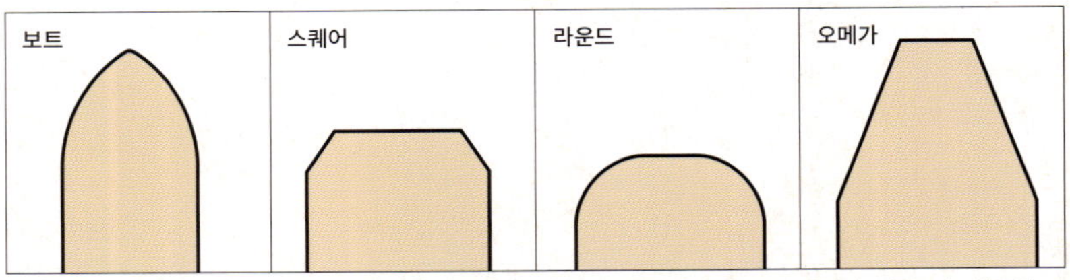

보트는 가장 일반적인 형태. 스퀘어는 좀 더 거친 형태로 , 대형 시계에서 자주 볼 수 있다. 라운드는 캐쥬얼 스타일이나 여성용에 자주 쓰인다. 오메가는 오메가 가죽 시곗줄 특유의 스타일

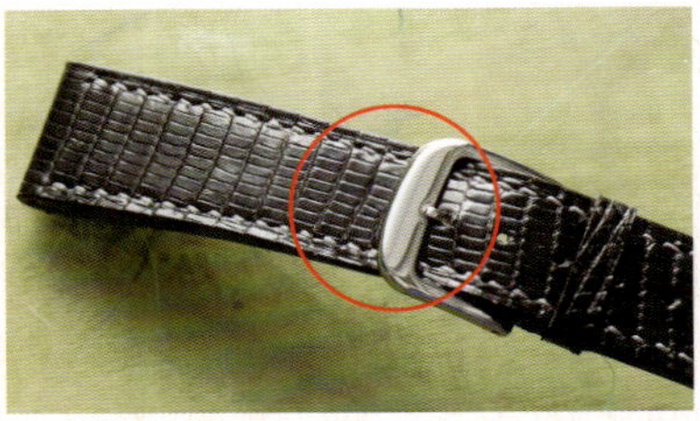

제일 안쪽의 구멍에 버클텅을 끼울 때 버클이 두께가 얇아지기 시작하는 부분에 걸리면 가죽이 겹쳐져서 옆으로 튀어나올 수 있으므로 얇아지기 시작하는 부분의 위치설정에 주의한다

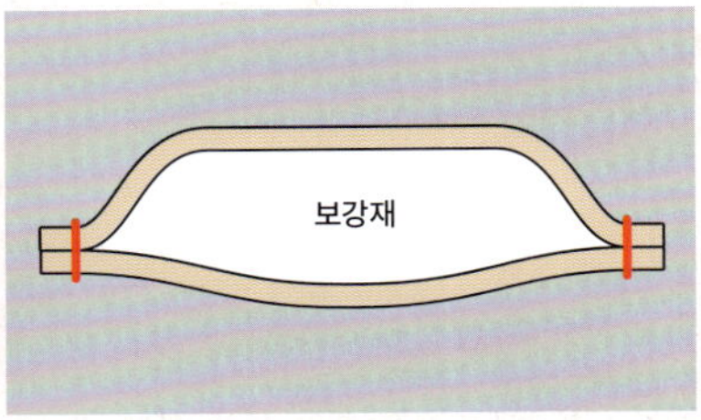

보강재의 형태를 다듬어서 단면을 그림처럼 하면 스티치 부분이 얇아져서 가죽이 부푼 형태가 된다. 까다롭지만 도전해보아도 좋다

도마뱀 가죽에 대피를 한다

도마뱀 가죽에 대피를 하고 두께(1mm)를 맞춥니다. 피할기가 없는 경우는 대피하는 가죽의 두께로 조절합니다.

01
겉감 파츠의 패턴에 맞추어 적당히 가죽의 내피에 본드를 바른다. 본드도 두께에 영향을 미치므로 얇고 균일하게 펴바른다

02
도마뱀 가죽보다도 크게 대피 가죽을 잘라 본드를 바르고 도마뱀 가죽에 붙인다

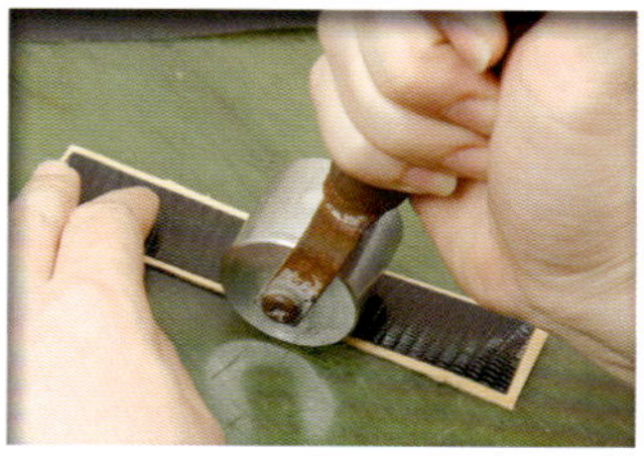

03
늘어나지 않도록 롤러로 압착한다

04
대피 가죽의 여유분을 잘라 낸다

◀CHECK!
피할기가 있으면 붙인 다음에 피할하고, 없으면 도마뱀가죽과 합쳐서 1mm 두께가 되는 대피가죽을 찾아서 사용한다

TECHNIQUE NO.19

도마뱀가죽은 비늘 방향을 고려한다

언뜻 보았을 때 비늘 모양이 동일해 보이지만, 비늘은 한 방향을 향해(머리부터 엉덩이를 향해) 줄무늬가 있고 잘 살펴보면 계단차가 나 있습니다(아래 그림 참고). 손가락으로 부드럽게 만져보면 방향을 알 수 있습니다. 이것으로 가죽 상하가 결정되기 때문에 줄무늬 방향대로 길게 자르고 비늘이 뜨는 쪽(엉덩이쪽)을 시계본체 쪽으로 놓으면 됩니다.

아래의 그림처럼 비늘이 뜨는 쪽 아래에 시계 본체가 놓이도록 가죽을 사용한다. 이것은 끝쪽과 버클쪽을 탈착할 때 벗길 때보다 찰 때 저항이 적게 걸리기 때문이다. 또한 구조적으로 비대칭이기 때문에 시계를 사이로 대칭형태를 만들도록 설정했다

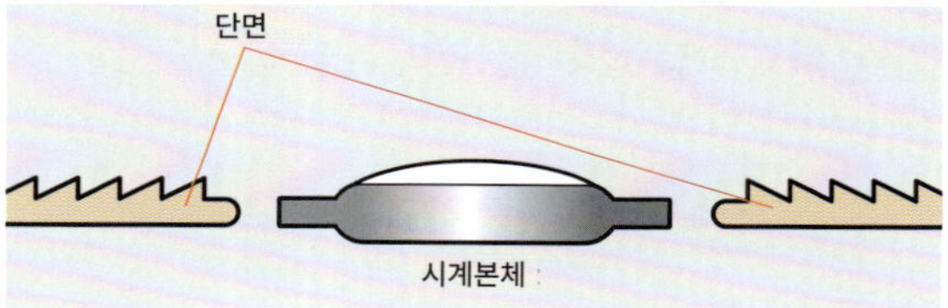

05 ◀POINT!
끝쪽 파츠, 버클쪽 파츠와 함께 1mm 폭으로 설정한 겉감을 준비해 둔다. 일반적인 소가죽 등을 사용할 때는 1mm 두께 1장을 준비하면 되므로 간단하다

파츠를 잘라낸다

각 파츠를 잘라내서 일부를 얇게 피할해둡니다. 아주 정밀하게 잘라내야 하기 때문에 정확하게 작업하는 연습을 합시다.

01 겉감을 잘라낸다
먼저 패턴에 맞춰 끝쪽을 잘라낸다

02
계속해서 버클쪽 파츠도 잘라낸다. 한쪽 끝을 직선으로 자르고(상단 사진) 그 직선과 버클 라인에 맞춰 패턴을 대고 맞춘다(중간 사진). 그 다음은 **01**과 동일한 방법으로 잘라낸다(하단 사진). 양 파츠가 형태가 같으므로 각 패턴을 만드는 것보다 한 개의 패턴으로 잘라내는 것이 정확하다

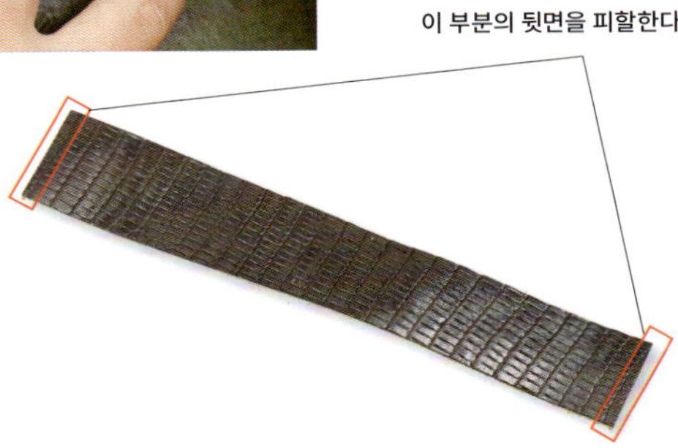

03 ◀POINT!
끝쪽 이외의 끄트머리(끝쪽 파츠는 한쪽 끝, 버클 파츠는 양쪽 끝, 총 3개)는 11mm 폭으로 피할한다. 단면이 직선이 되도록 피할하고 끝으로 갈수록 두께가 0에 가까워져야 한다. 도마뱀 가죽은 겉면에 요철이 있기 때문에 피할하다가 구멍이 뚫리지 않도록 주의

TECHNIQUE NO.20

패턴을 대고 직접 잘라내는 것이 가장 정확

뒤에 플라스틱판 등을 대고 만든 단단한 패턴을 준비해서 가죽에 붙이고 세공용 커터를 사용해서 직접 파츠를 잘라냅시다. 이렇게 하면 한번 선을 긋고 잘라내는 것보다 정확하게 파츠를 만들 수 있습니다.

손을 뗐을 때 패턴이 흐트러지지 않도록 플라스틱판에 양면테이프를 붙여두면 작업이 편리합니다.

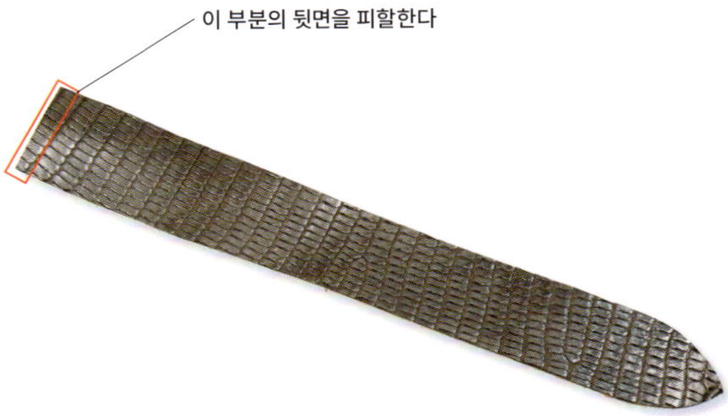

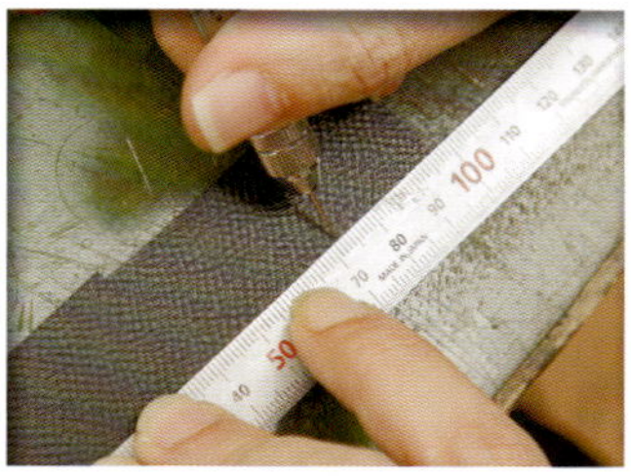

04 안감을 잘라낸다

안감은 양 사이드를 대충 잘라놓는 것이 포인트. 끝쪽 파츠는 본체 끝만을 정확하게 커트해놓고, 나머지는 적당히 여유를 두어 112mm보다 길게 잘라둔다. 버클쪽 파츠는 양 끝을 직선으로 커트하고 길이는 72mm에 정확히 맞춰서 잘라낸다. 이때 양 끝의 직선이 평행이 되도록 쇠자를 사용해 정확하게 작업한다(패턴은 없으므로 길이를 재면서 잘라낸다)

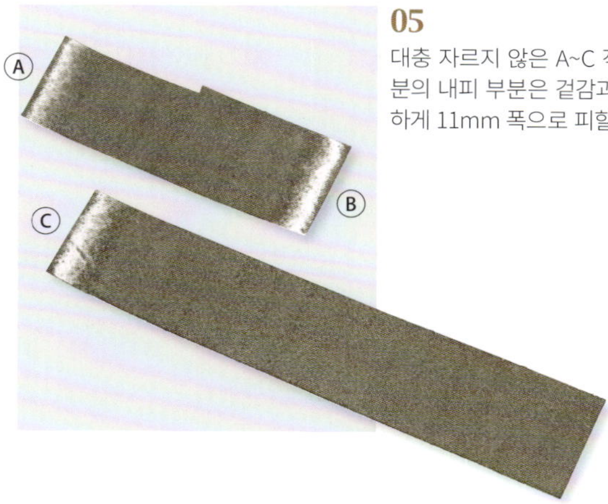

05

대충 자르지 않은 A~C 직선부분의 내피 부분은 겉감과 동일하게 11mm 폭으로 피할한다

TECHNIQUE NO.21

이음매를 피할할 때는 모양을 정확하게 일치한다

앞선 공정에서 겉감과 안감 양쪽을 폭 11mm로 피할했습니다. 다음 공정에서는 피할한 부분을 아래 그림처럼 겹쳐서 붙입니다. 피할 각도나 폭을 정확하게 일치시켜서 요철없이 평평하게 만듭시다.

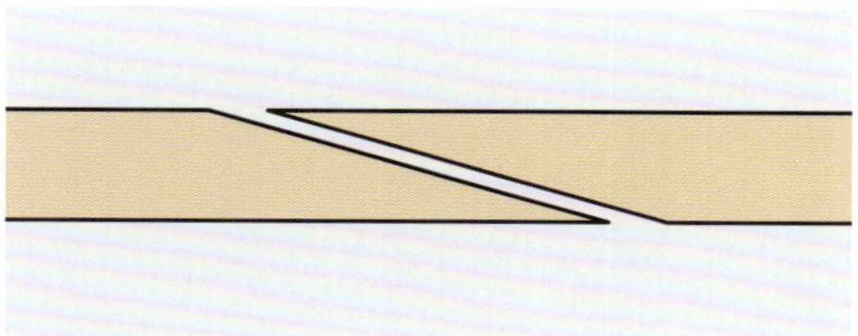

06 보강재를 잘라낸다

보강재는 버클쪽 파츠의 패턴과 동일하게 평행한 직선을 딱 맞춰 40mm 길이로 잘라내서, 양 사이드는 적당히 잘라낸다. 끝쪽 파츠용, 버클쪽 파츠용 2장을 준비한다

07 ◀POINT!

계속해서 끝에서 끝까지를 일직선으로 피할한다(하단 참조). 이때 보강재 형태로 인해 얇아지는 부분의 구조가 결정되므로 손가락으로 만져가며 깔끔하게 피할한다

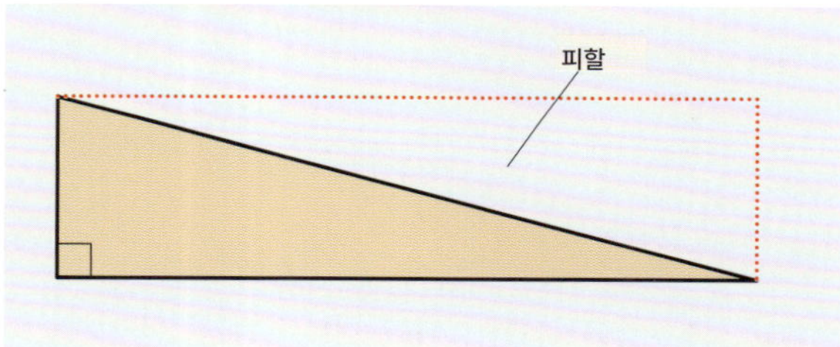

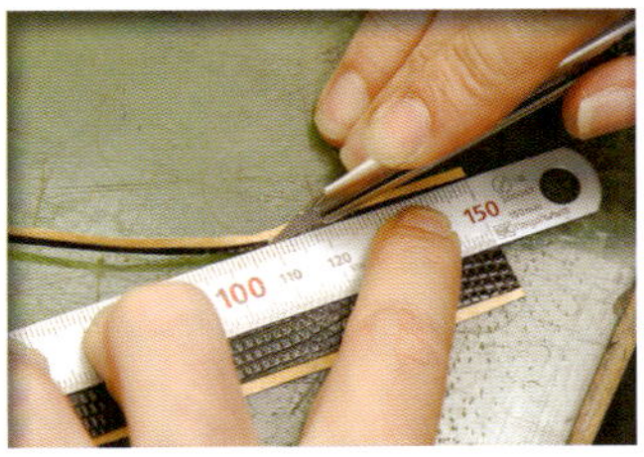

08 **루프를 잘라낸다**

겉감과 동일한 가죽이어도 괜찮으나, 정확한 작업이기 때문에 도마뱀 가죽과 안감용 가죽을 붙여서 두께 0.7~1mm로 만들어서 사용한다. 한쪽을 먼저 직선으로 잘라둔다

09 ◀ **POINT!**

08에서 잘라둔 직선으로부터 5mm 위치에서 두 곳에 표시를 하고, 직선으로 잡고 자르면 폭 5mm 폭의 테이프 모양 가죽을 잘라낼 수 있다

10

자유루프, 고정루프를 위해 2개를 잘라낸다. 달기 직전에 사용 치수에 맞추어 잘라내기 때문에 길게 만들어 둔다. 60 mm 정도면 충분하다

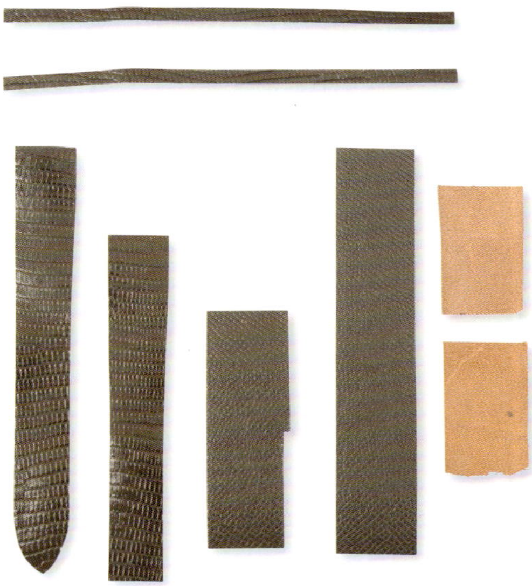

보강재를 붙인다

겉 파츠의 안쪽에 먼저 보강재를 붙입니다. 붙이는 위치나 범위에 주의해야 하기 때문에 자세하게 설명하겠습니다.

◀ **CHECK!**

보강재는 이 사진처럼 말리는 부분만 붙인다. 끝쪽 파츠는 본체쪽만, 버클쪽 파츠는 양쪽을 붙인다. 바깥에서 보이지 않도록 양 사이드의 단면은 비워둔다

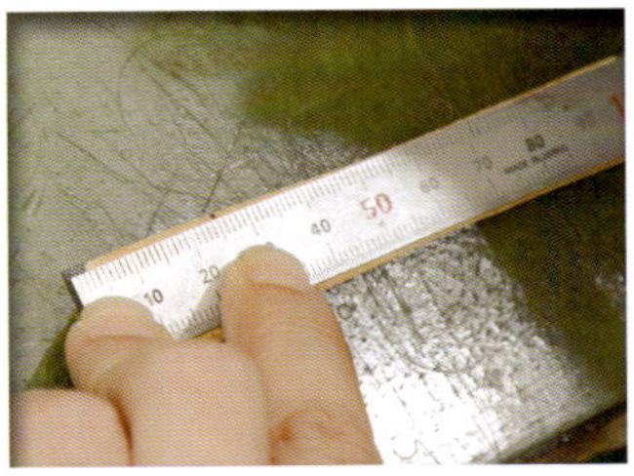

01

말리는 폭 18mm를 충분히 커버할 수 있도록 끝에서 25mm위치까지 보강재를 붙인다. 보강재를 붙이는 부분마다 25mm 위치에 표시를 해둔다

02

표시한 범위에 접착제를 바른다. 보강재 쪽은 넓게 발라둔다. 접착제로 두께가 생겨서는 안되는 파츠이므로 접착제를 얇게 바르도록 신경써야 한다

03

보강 테이프를 폭 15mm, 길이 25mm 이상으로 잘라낸다. 접착제를 바른 범위 안쪽부터 잘라낸다

04

잘라낸 보강 테이프를 사이드 단면에 튀어나오지 않도록 주의하면서 25mm 표시 라인에 맞추어 붙인 후 롤러로 확실히 압착한다. 끝의 단면에서 비어져 나온 부분은 잘라낸다. 같은 요령으로 나머지 보강 테이프도 붙인다

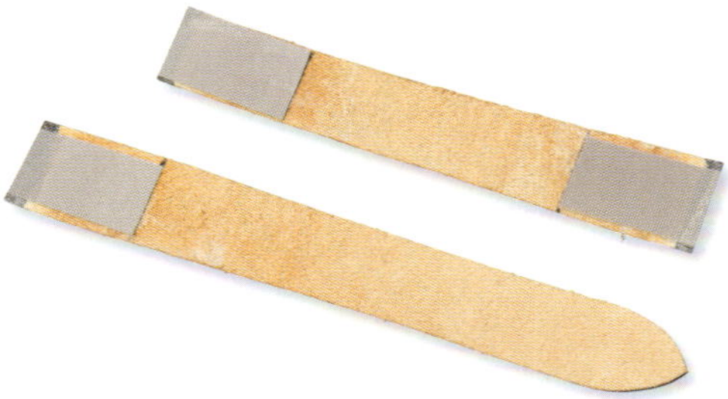

05

계속해서 보강재를 붙인다. 두 개 파츠 모두 시계 본체쪽만 작업해야 한다. 붙이는 위치는 마는 범위 18mm부터 안쪽이므로 보강재를 겹쳐 18mm 되는 위치에 표시해 둔다

06 ◀POINT!

겉감과 붙일 때는 끝쪽 피할한 면과 반대 면에 주의한다. 붙인 범위와 위치를 확인하고 접착제를 바른다. 조금 비어져 나와도 괜찮으니 빈틈없이 바른다

◀CHECK!

버클 파츠 방향을 알아보기 힘드니 잘 확인해서 시계 본체쪽 한 방향만 붙인다

07

위치를 맞추어 붙인 후 확실히 압착한다

08

겉면에서 보강재의 여유분을 잘라낸다. 자른 부분이 깔끔하게 수직이 되도록 정밀하게 재단하는 것에 신경써야 한다

09 ◀POINT!

보강재는 얇은 쪽을 붙인 상태에서 조금 더 피할해서 두께가 거의 없어지도록 한다. 손가락으로 경계를 만졌을 때 단차가 느껴지지 않을 정도로 피할해야 한다

끝을 말아서 안감에 붙인다

보강재를 붙인 끝을 말아서 접착하고 바넷봉과 버클이 통과할 구멍을 만든 후 그 위를 덮듯이 안감을 붙입니다.

01 시계 본체쪽을 말아넣기

말아넣는 부분인 18mm를 꺾어서 중첩되는 부위에 내피에 본드를 바른다. 전면에 본드를 바르는데, 밖으로 튀어나와도 상관없다. 바넷봉이 통과하는 구멍 안쪽 부분에는 바르지 않는다

02 ◀POINT!

바넷봉을 말면서 구멍이 망가지지 않도록 잘 말아 가장자리를 접는다. 바넷봉 두께는 1.5mm가 표준이므로 이 두께의 철심에 감으면 작업이 편하다. 이 작업의 포인트는 구멍이 너무 느슨하거나 빡빡하지 않도록 가감하는 것. 바넷봉을 끼울 때 약간 저항이 있는 정도가 이상적이다

03

가죽집게로 압착한다. 끝쪽 파츠도 버클쪽 파츠도 같은 요령으로 시계 본체 쪽을 말아서 접착한다

04 버클쪽을 말기

버클쪽도 거의 같은 순서이지만 끝을 맞추는 위치를 표시해 둔다. 마는 넓이 약 18mm 위치부터 10mm 앞에 표시한다

05 ◀POINT!

04의 표시에 끝을 맞추어 꺾은 후 바넷봉에 맞추어 압착하는데, 이 때 완성된 후 길이가 75mm가 되는지 확인한 후 압착한다. 완성 길이가 어긋나면 꺾는 위치를 바꾸어서 길이를 맞춘다

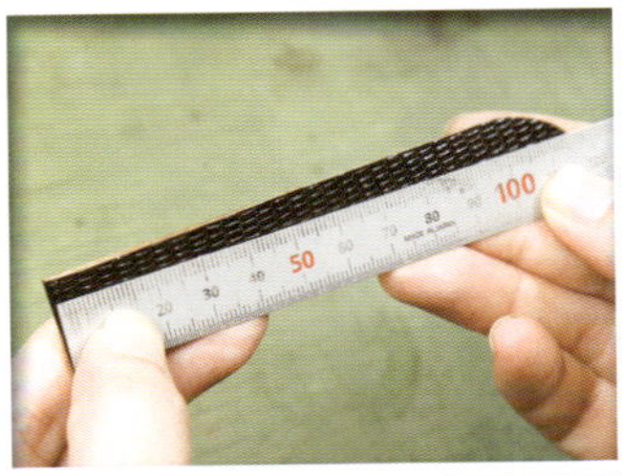

◀CHECK!

끝쪽 파츠가 총 115mm, 버클쪽 파츠가 총 75mm가 되는 것을 확인해 둔다

06 ◀**POINT!**

꺾어서 붙인 끝 부분은 보강재로 두꺼워진 상태이므로 단차가 없어지도록 피할한다

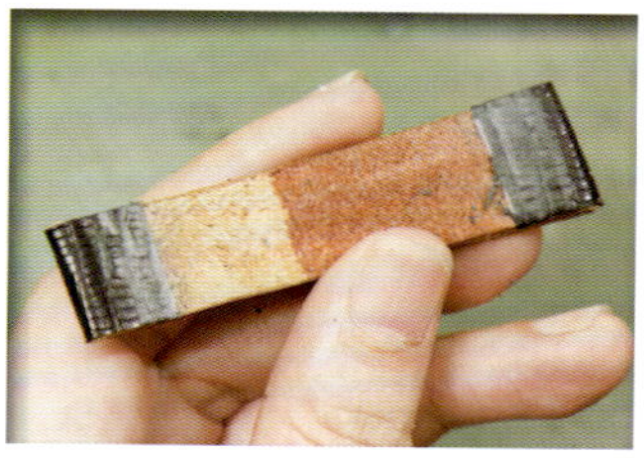

07 안감을 붙인다

안감은 말아넣은 겉감을 덮듯이 붙이기 때문에 본드를 바르기 전에 대충 잘라 둔다. 이때 마는 끝쪽 폭부터 3mm 범위는 바르지 않는다(사진에서 표시한 위치)

08

버클쪽 파츠용 안감을 맞춰보고 길이를 확인한다. 길이가 맞으면(양쪽 말린 끝에서 각 3mm 씩 빈다) 그대로 붙인다. 사진처럼 좀 길면 커트해서 맞춘다

◀**CHECK!**

안감 길이를 맞출 때는 잊지 않도록 끝 두께가 얇아지도록 피할한다

09

본드를 발라 안감을 붙인다. 끝쪽은 길이를 확인할 필요가 없으므로 시계 본체쪽 말리는 끝부터 3mm 비게 위치를 잡아 붙인다

◀**CHECK!**

버클쪽 파츠의 버클쪽은 고정 루프를 고정할 수 있도록 끝부터 15mm 정도를 붙이지 않고 남겨둔다

10

겉감 쪽에서부터 안감의 여유분을 잘라낸다. 단면에 요철이 생기지 않도록 깨끗하고 정확하게 잘라야 한다

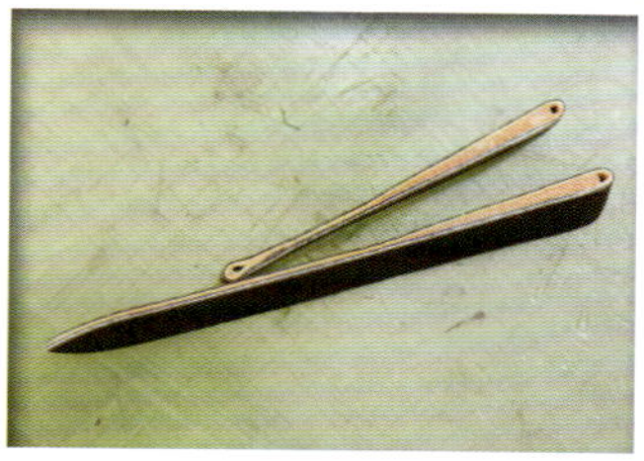

바느질과 단면 마감

바느질 전에 단면 아래를 정돈해 두고, 바느질한 후에는 확실히 연마해서 마감합니다. 다만 여기서 바느질은 끝쪽만 합니다.

01

바느질 전에 단면 아래를 정리해둔다. 먼저 #400 정도의 사포로 면을 평평하게 한다

◀ CHECK!

핸드피스로 다듬는다. 류터사의 종이사포 비트를 이용하면 효율적으로 작업할 수 있다

02 ◀ POINT!

단면에 염료를 넣는다. 이후에 단면 작업을 하면서 안료를 바르기 때문에 이 공정은 생략해도 된다. 그러나 밑준비 겸 해서 작업해두면 깔끔하게 마감할 수 있다

TECHNIQUE NO.22

알콜 염료와 수성 염료의 차이

일반적으로 수성 염료보다 알콜 염료가 침투력이 좋고 발색도 확실하므로 선호하는 장인이 많습니다. 다만 안감이 옅은 색이고 염료가 짙은 색일 때는 알콜 염료로는 얼룩이 생길 수 있으므로 침투력이 약한 수성염료를 쓸 때도 있습니다.

침투력이 강한 알콜염료는 안쪽까지 스며들어가서 사진처럼 옆의 은면까지 색이 묻어난다. 수성염료여도 이렇게 될 수 있으니 주의

03 ◀ POINT!

추가로 염료 위에서부터 가볍게 단면마감재를 바르고 요철을 없애서 표면을 평평하게 한다. 이렇게 아래쪽을 다듬고 그 다음 위쪽을 마감하면 좀 더 깨끗하게 표면을 마감할 수 있다

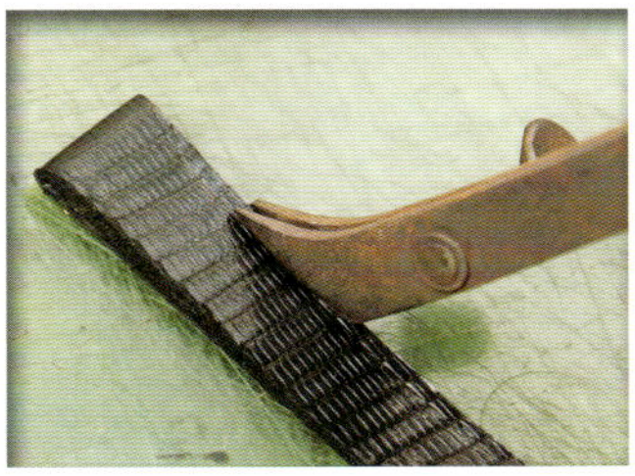

04 끝쪽 파츠를 바느질한다

아래를 다듬으면 바느질선을 긋는다. 끝쪽 파츠는 말리는 끝에서부터 뾰쪽한 끝까지 U턴해서 1개 선으로 긋는다. 버클쪽 파츠는 양 사이드에 각각 독립된 선을 긋는다. 섬세한 스티치를 하기 위해 2mm 폭으로 설정한다

TECHNIQUE NO.23

가죽에 정확한 선을 긋는 요령

정확한 작업을 위해 선을 긋는 확실한 방법은 은면에 마스킹테이프를 붙이고 그 위에 볼펜을 붙인 콤파스로 직선을 긋는 것입니다. 표시가 잘 나지 않는 도마뱀 가죽에 특히 효과적인 방법이지만 반대로 은면이 섬세한 가죽을 쓸 때는 주의해야 합니다.

은면 전체에 마스킹테이프를 붙이고 단면에 딱 맞게 자른 다음 직접 선을 긋는다. 선을 확실히 확인할 수 있고 섬세하고 정확하면서 은면에 상처가 나지 않는다. 가죽에 끈끈이가 남지 않도록 접착력이 약한 테이프를 사용한다

05

말린 끝쪽에서 5mm까지는 바느질하지 않는다. 손바느질의 시작점(혹은 바느질 끝점)을 표시하고 5mm 위치에서 선을 그어둔다. 바느질 위치는 아래의 붉은 선 부분

06 ◀POINT!

목타로 바느질 구멍을 낸다. 관통하지 않고 표면에 목타 구멍을 낸다는 느낌으로 눌러준다. 그리고 마름송곳으로 관통한다

◀CHECK!

보강재 끝에 딱 맞춰서 구멍을 뚫는다(아래 그림 참조). 이 부위를 관통할 때는 2개의 바늘을 사용해서 구멍 위치를 조절한다

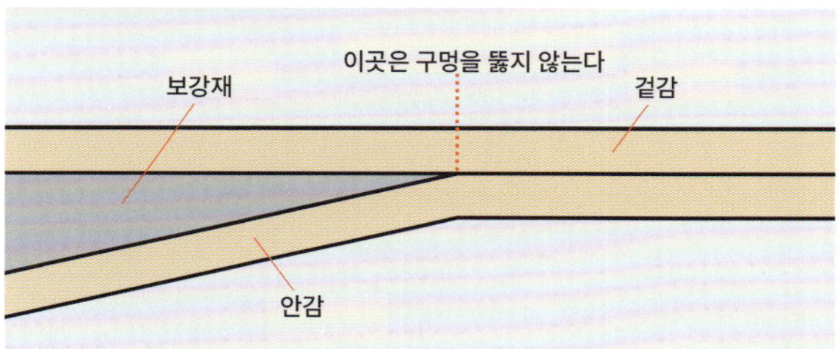

07

끝쪽을 관통할 때는 정점에 구멍을 한 개 뚫을 수 있도록 2날 목타를 사용해서 위치를 표시한다

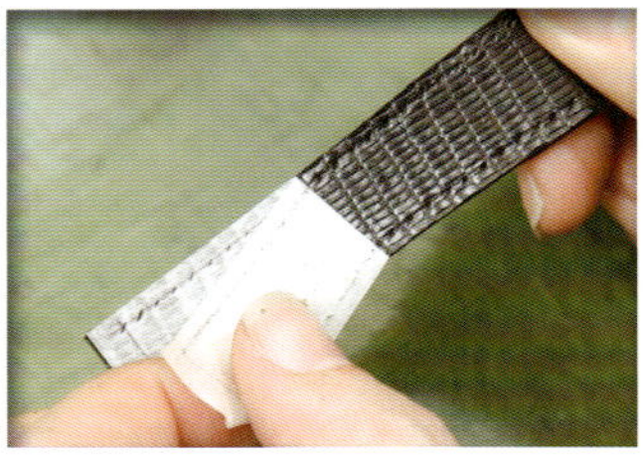

08

바느질 구멍을 다 뚫었으면 마스킹테이프를 벗겨낸다. 그 다음 끝쪽 파츠에 한해 바느질한다

◀CHECK!

구멍의 크기는 표면에 작은 바느질 구멍이 확인될 정도

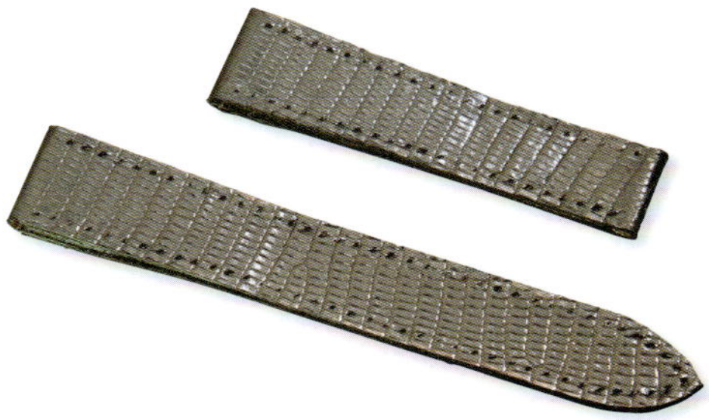

09

마름송곳으로 구멍을 관통하면서 얇은 실로 바느질한다(비니모 8번을 사용). 바느질 시작과 끝은 두어 땀 돌아와서 꿰매야 강도가 유지되고 풀어지지 않는다

10 ◀POINT!

비니모를 사용하기 때문에 불로 지져서 끊는다. 전기펜을 사용할 때는 실 끝에서 절단할 수 있다(라이터로 지져도 좋다). 추가로 원형송곳을 써서 실 끝을 구멍 속에 숨기면 자른 표시가 눈에 띄지 않는다

11 단면을 다듬는다

바느질이 끝났으면 단면에 #400 사포를 써서 정돈한다. 핸드피스, 특히 류터사의 사포 비트를 사용하면 효율적이다

◀CHECK!

모양을 보면서 모서리를 잘라낸다. 지나치게 엣지를 잘라내지 않도록 섬세하게 잘라낸다. 사포를 써도 된다

12 ◀POINT!

레이어 크리저를 쓸 때는 안료를 바르기 전에 작업한다. 또한 열을 넣어 작업하면 단면이 거칠어지기 때문에 다시 한 번 사포로 단면을 다듬는다

13 안료를 발라 마감한다

오를리를 발라 마감한다. 약칠기 롤러 옆에 스카치테이프를 붙이고 안료를 붓는다(양을 조절할 수 있는 헤라가 부속품으로 달린 약칠기도 있다). 안료는 소량만 쓰기 때문에 롤러 중앙에 약간 묻을 정도면 충분하다

14

롤러 위를 굴려가며 단면에 안료를 묻힌다. 약칠기가 없는 경우는 이쑤시개 등 뾰족한 도구로 정확하게 작업한다. 단면에 안료를 바르는 요령은 뒷페이지에 자세히 설명한다

TECHNIQUE NO.24

단면칠(안료 마감)의 요령

안료는 최소 2번은 발라 마감합니다. 첫 번째는 확실히 속까지, 두 번째는 표면에 살짝 바르는 느낌으로 작업합니다. 안료 자체가 단면에 묻으므로 얼룩이나 요철 없이 바르는 것이 포인트. 또한 원래의 단면 상태도 중요하기 때문에 미리 잘 다듬어놓습니다 (69페이지 참조).

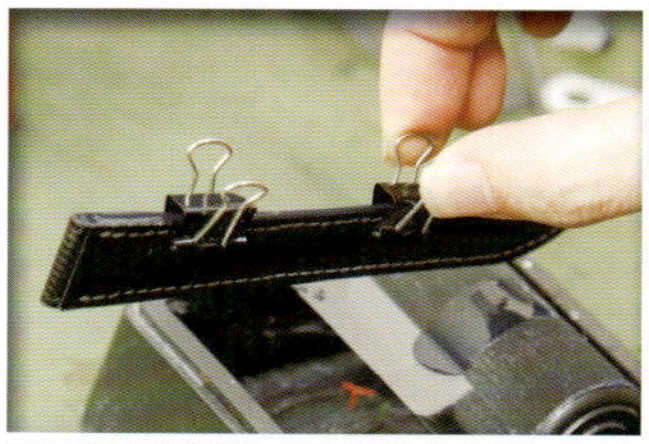

약칠기를 이용하면 쉬울 뿐 아니라 손으로 칠하는 것보다 얼룩이 안 생긴다. 또한 이렇게 작은 파츠를 바를 때는 클립으로 집으면 잡기 편하고 이대로 말릴 수 있어서 편리하다. 첫 번째 바를 때 확실히 건조시키고, 다시 발라야 한다

◀CHECK!

두 번째 바른 안료가 만져도 묻어나오지 않을 정도가 되었을 때 이렇게 얼룩 없고 약간 광택이 나오는 상태가 되는 것이 좋다

TECHNIQUE NO.25

안료를 칠한 후 다시 한 번 다듬어서 마감한다

다시 한 번 표면을 #400 사포로 다듬고 안료를 바르면 좋습니다. 작은 요철을 없앤다는 느낌입니다. 또한 핸드피스(류터사의 비트)에 테플론 소재의 접착 테이프를 붙여서 다듬으면 효과적입니다.

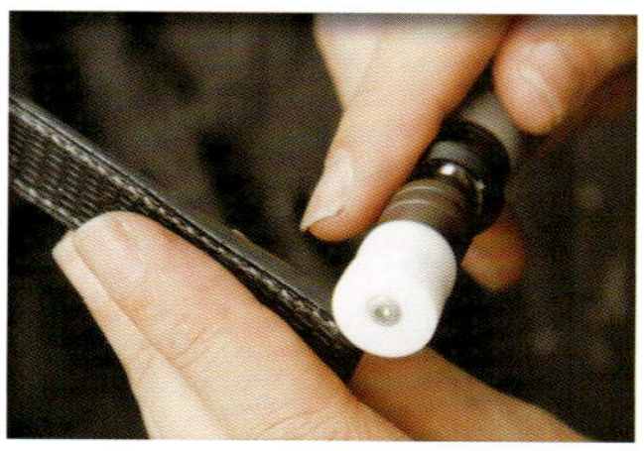

테플론(합성수지) 테이프는 문구점에서 살 수 있다. 핸드피스가 회전할 때의 열과 소재의 마찰로 인해 안료의 작은 요철을 평평하게 다듬어서 효과적으로 표면을 깎아낼 수 있다

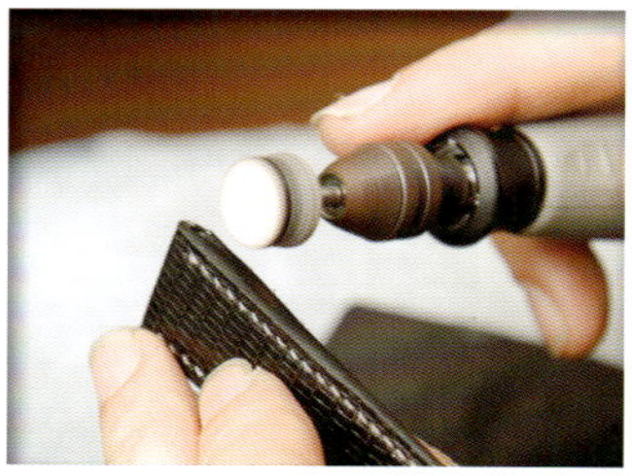

15 ◀POINT!

추가로 단면의 최종 마감으로 왁스를 바르면 효과적이다. 핸드피스(류터의 버프비트), 없으면 천에 묻혀서 다듬고 광택을 낸다. 왁스는 실에 바르는 밀랍 왁스, 혹은 손바느질용 왁스 등이 통용된다

◀CHECK!

아래가 안료만 바른 상태, 위가 한 번 더 마감한 상태. 안료만 바르면 특유의 반짝임이 있고, 마감하면 차분한 광택이 나므로 선호하는 쪽으로 작업한다

16 고정루프, 자유루프의 단면을 마감

고정루프와 자유루프의 단면도 마감한다. 단면마감재를 바르고 크리저를 긋는다. 여기서 검은 가죽을 사용하고 있어서 검은색 안료로도 충분하지만 색 있는 가죽을 쓸 경우에는 단면에 색이 들어간 안료를 사용하는 것이 좋을 때도 있다. 실제를 보고, 선호에 따라 판단한다

루프를 끼우고 바느질한다

고정루프, 자유루프는 양끝을 같이 피할하고 둥글게 만듭니다.
이것을 버클쪽 파츠에 끼우고 바느질합니다.

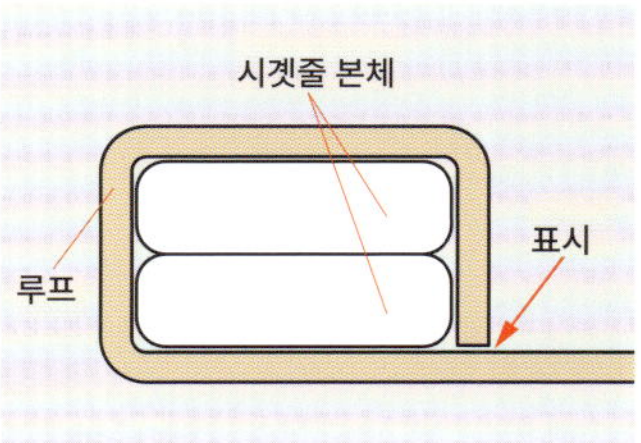

◀CHECK!

루프는 끝쪽 파츠와 버클 파츠(폭 16mm 부분)을 겹친 후 한 번 감는 분량의 길이와, 여기에서 7mm를 더해서 자른다. 7mm는 겹쳐서 붙였을 때의 폭이다

01 **◀POINT!**

위의 그림의 '표시' 위치에 표시한다. 이때 말린 모양에 주의한다. 헐렁하지 않고 조이지도 않도록 적당히 저항이 있는 정도가 좋다

02

01의 표시에서부터 7mm 더한 위치에 표시한다. 이번에는 44 + 7 = 51mm인데 바뀔 수 있으므로 실물을 잰다

03

02에서 붙인 표시의 위치에 커트한다. 잘린 부분이 거칠어지지 않도록 주의한다. 루프를 겹쳐서 커트하면 길이를 맞출 수 있다

04

겹쳐지는 부분이 7mm 폭이므로 양쪽 7mm 위치에 표시를 한다. 한쪽 끝은 은면, 다른 쪽 끝은 내피에 표시하고 피할하여 두께를 깎아낸다

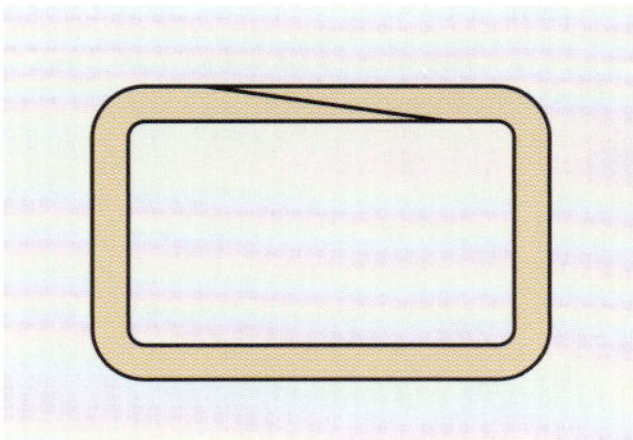

◀CHECK!

이때 64페이지에서 뒷면을 피할 한 것과 똑같이 양끝의 피할 각도를 딱 맞게 해서 요철이 없도록 한다

05

피할한 면에 본드를 발라 링으로 만든다

06

가죽집게로 눌러 붙인다

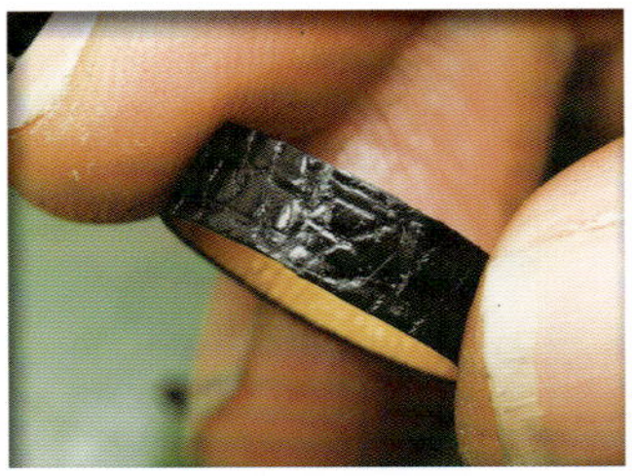

◀CHECK!

피할을 잘 하면 왼쪽 사진처럼 붙인 부분이 전혀 눈에 띄지 않는다. 또한 끝쪽 파츠도 버클쪽 파츠를 링으로 통과시켜서 크기를 체크해둔다. 헐렁하거나 조이지 않도록 링의 모양을 잡아둔다

07 자유루프를 바느질한다

자유루프는 버클쪽 파츠에 고정되지 않기 때문에 보강을 위해 한 땀 바느질한다. 자유루프 가운데 일자 목타로 목타를 친 후 2개의 구멍을 낸다

08

한 쪽만 바늘을 끼운 실로 바느질 구멍을 이중으로 바느질하고, 안쪽에서 불로 마감한다

09 고정루프를 단다

버클쪽 파츠의 버클쪽 안감을 15mm 정도 뒤집는다. 68페이지에서 붙이지 않고 남겨둔 부분. 너무 많이 뒤집어서 붙인 부분이 떨어지지 않도록 주의한다

◀CHECK!

루프를 고정하기 전에 잊지 않고 자유루프를 끼운다

10

뒤집은 안감 안쪽에 본드를 바른다. 작은 붓으로 바르면 편리

11

고정루프는 겉감에서 보이는 부분을 중심으로 버클쪽 파츠와 동일하게 16mm 폭이 접착 범위가 된다. 이 안쪽에 본드를 바른다

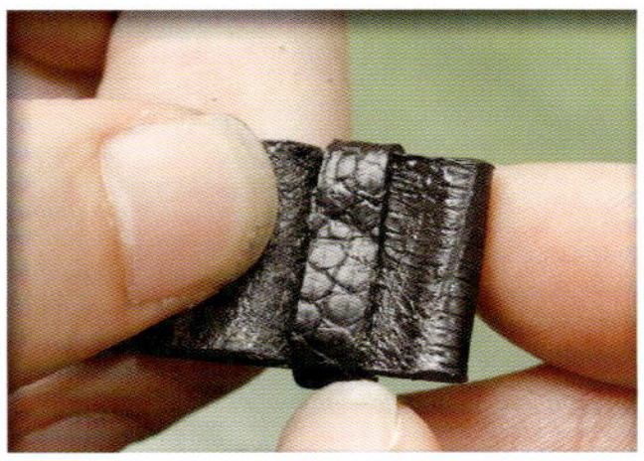

12 ◀POINT!

고정루프를 붙인다. 이때 이음매가 버클쪽 파츠 중앙에 와야 하며, 고정루프가 기울거나 비틀리지 않았는지 확인해 둔다

13

고정루프 겉감에도 본드를 바르고 위에서 안감을 확실히 덮어 붙인다. 이때도 단면이 비틀리지 않도록 주의한다

14 ◀ **POINT!**

마름송곳으로 바느질 구멍을 내서 바느질하는데, 고정루프 안쪽에 감춰지는 구멍은 바느질하면서 만들 수 없다. 작업대에 내려놓고 먼저 구멍을 내어 둔다

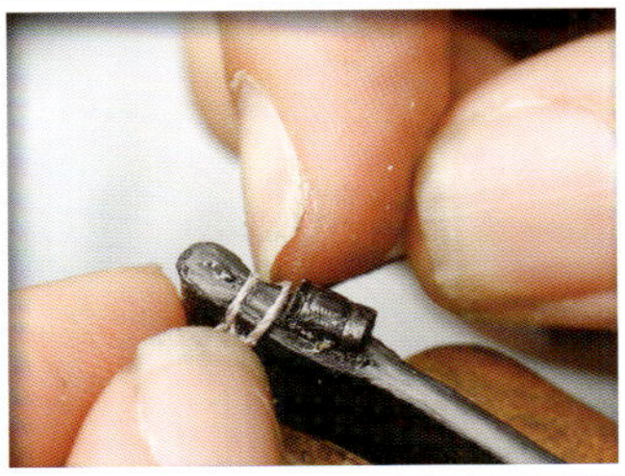

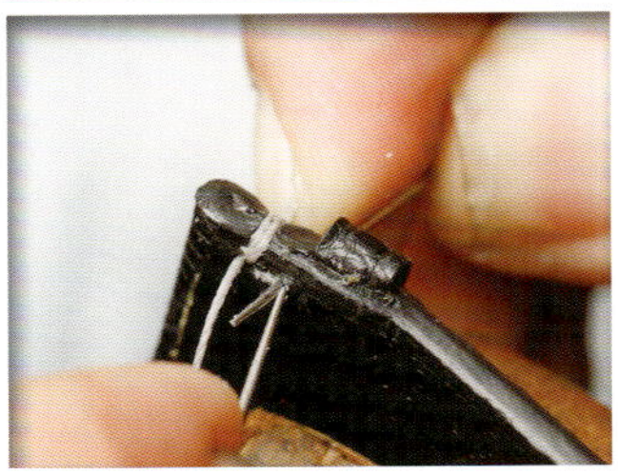

15 버클쪽 파츠 바느질

시계본체 쪽과 버클쪽, 둘 중 어디부터 바느질해도 상관없지만 버클쪽은 바느질을 끝내는 바깥쪽을 이중으로 바느질하고, 한 땀 되돌아온다(오른쪽 'CHECK' 의 그림 참조). 또한, 고정루프를 바느질할 때는 정확히 통과하도록 주의한다. 고정루프 위에 실이 올라오면 안 된다

16

바느질이 끝났으면 실을 끊는다. 전기펜으로 끝을 커트해서 실 끝이 보이지 않도록 처리한다

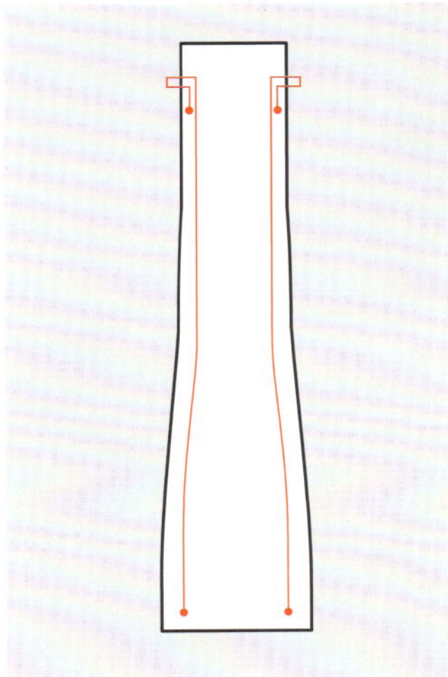

◀ **CHECK!**

바느질 부위. 버클쪽은 바느질을 시작하건 끝이건 실을 바깥에서 이중으로 걸고 한땀 되돌아오기 때문에 결과적으로 L자로 두 번 바느질하는 셈이다

TECHNIQUE NO.26

시곗줄을 재봉틀로 바느질하는 방법

버클쪽을 재봉틀로 바느질하는 경우 고정루프 아래를 통과해서 기계가 들어갈 수 없기 때문에 그 앞까지 직각으로 꺾어서 진행. 또한 버클 앞(말리는 끝에서부터 5mm 앞, 바느질을 멈추는 부분)의 양 사이드에 이중으로 실을 걸어서 단단하게 보강합시다.

이렇게 바느질하면 재봉틀로도 작업할 수 있다. 또한 안감으로 색이 다른 가죽을 사용하는 경우 재봉틀을 사용하면 여기에 맞춰 색이 다른 실을 사용할 수 있다. 다만 윗실과 아랫실의 강도의 밸런스가 어긋나는 경우 반대쪽 실의 색이 보일 수 있으므로 조절해가며 작업한다

구멍을 뚫어서 마감한다

끝쪽 파츠에는 작은 구멍을, 버클쪽 파츠에는 버클을 끼울 수 있는 단면 구멍을 만듭니다. 마지막으로 가죽 표면을 가볍게 다듬어서 마감합니다.

01 작은 구멍을 낸다

마스킹테이프를 발라서 단면에서 8mm(폭 16mm여서 그 절반)의 라인을 양사이드에서 그린다. 이렇게 하면 한쪽에서 그을 때보다 정확한 중심선을 그을 수 있다

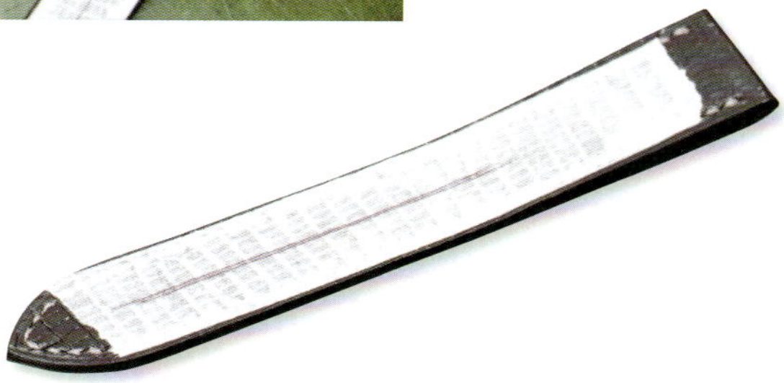

02

중심선에 맞춰 작은 구멍의 위치를 표시한다. 볼펜으로 그린 표시를 원형송곳으로 가볍게 눌러 확실히 가죽에 표시한다

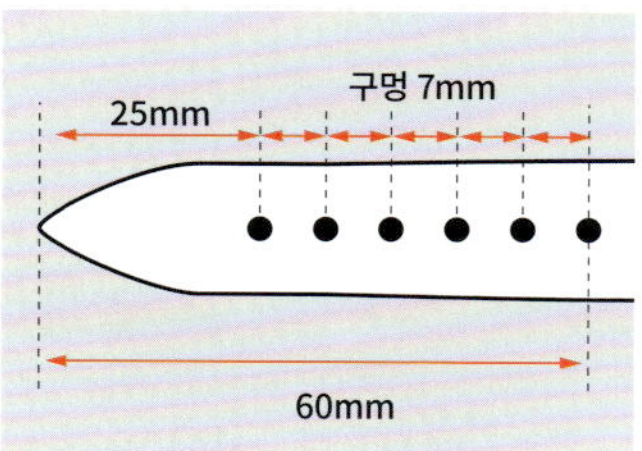

◀CHECK!

책에서는 구멍을 6개 뚫는다. 끝쪽의 가장자리부터 25mm 위치에 첫 번째 구멍을 뚫고 여기서부터 7mm 폭으로 표시를 한다. 앞쪽에서 마지막 구멍까지 길이는 60mm이다

TECHNIQUE NO.27

원형 펀치 정확한 위치에 놓는 요령

작은 구멍은 규칙적으로 늘어져 있어서 작은 실수도 두드러지기 때문에 정확한 위치에 구멍을 뚫어야 합니다. 이런 케이스에서는 중심선의 표시부터 구멍 위치를 콤파스로 그려나가면 아주 안정적으로 간격 조절을 할 수 있습니다.

작은 구멍은 1.5mm 펀치를 사용해서 뚫기 때문에 콤파스 폭을 0.75mm(눈대중이므로 아주 정확하지 않아도 무방)로 설정해서 동일한 간격으로 원을 그린다

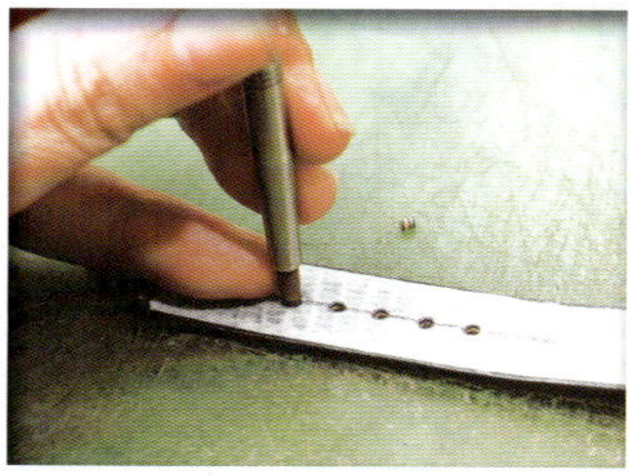

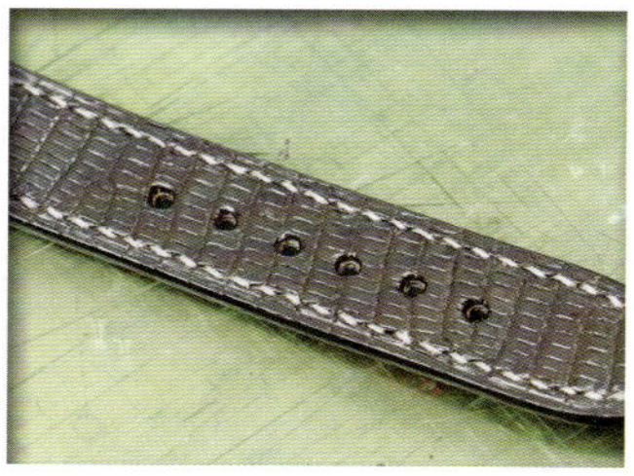

03

직경 1.5mm 의 원형 펀치를 사용해서 그린 원 위에서 직접 구멍을 뚫는다. 구멍을 다 뚫었으면 마스킹테이프를 제거한다

04

여기서 구멍 위치를 확인할 수 있다. 조금 어긋났다면 뒤에서 원형송곳을 넣어 원하는 방향으로 넓힌다. 조금만 수정한다는 느낌으로 작업한다

05 작은 반 구멍을 뚫는다

버클쪽 파츠 버클쪽에 버클 봉을 달기 위해 작은 반 구멍을 뚫는다. 폭은 2mm, 깊이 3.5mm의 슬릿이 된다. 정확한 위치는 아래 그림을 확인

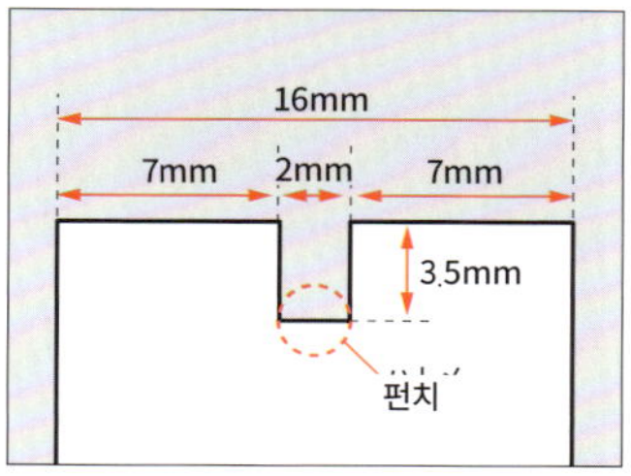

06

반 구멍을 뚫기 위한 전용도구가 있으면 작업이 간단하지만 일부 시계재료점 등에서만 취급하기 때문에 구하기 쉽지 않다. 없는 경우는 직경 1.2~2mm의 원형 펀치로 구멍을 내고 구두칼이나 커트로 끝을 잘라내면 간단하게 반 구멍을 낼 수 있다

07

바넷봉이나 버클을 다는 구멍은 단면 마감 시 막혔을 수 있으므로 원형송곳으로 구멍을 만들어준다

08

버클을 단다. 반구멍에 봉을 넣고, 버클을 배치하는 핀을 동시에 관통해서 고정한다. 핀은 스프링타입으로 구멍에 찔러 넣어 고정한다

09 ◀POINT!

도마뱀 가죽 표면이나 실은 마지막으로 돼지털 브러시 비트로 다듬어서 마감한다

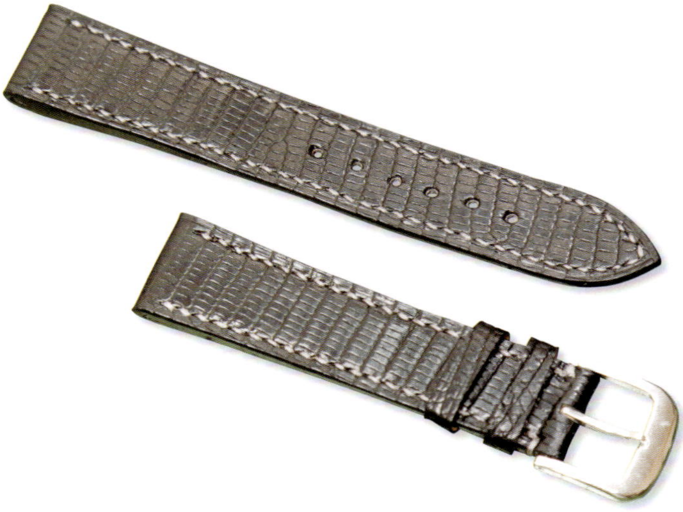

LEATHER GOODS & BAGS KAWAI

SHOP DATA
핸드메이드 레더 굿즈&백 KAWAI
가나가와 현 가와자키 시 미야마에구 헤이 1-6-20-514
Tel/Fax 044-862-2768
URL http://www.kawai-leather.jp/
e-mail info@kawai-leather.jp

긴 시간을 걸어온 사람만이 만들 수 있는 넘치는 완성도의 오리지널리티

흠잡을 데 없는 아름다운 작품을 만드는 것은, 재단, 피할, 접착, 바느질 등의 아주 기본적인 기술들. 가와이씨의 작품은 이것들을 매일 연마해서 이루어진 것입니다. 도달할 때까지 걸리는 시간을 생각하면 눈부시다 생각될 정도. 특별한 장식이나 특수한 소재를 사용하지 않음에도 따라할 수 없는 것은 완성도가 높기 때문입니다. 이그조틱 레더 등의 특징 있는 소재로도 완성하기 어려운 작품을 만들어냅니다. 흔한 소재로도 흔들리지 않는 독자성이 엿보입니다. 심플함을 본질적으로 변화시키는 가와이씨의 구두나 소품에 관심 있는 분은 꼭 사이트를 방문해 보십시오.

가와이 요시아키 씨

PART IV CARTERA

지폐와 동전을 둘 다 수납하고
안쪽 포켓에 넣는 절묘한 사이즈.
두 개의 모순을 추구하는 형태이면서
미니멈한 구조가 매력인 지갑.
소프트한 슈렁큰 가죽으로 만들어서
계속 만지고 싶을 정도로 부드러운 감촉.
감성을 자극하는 어른의 지갑입니다.

지갑 만들기

제작 : 기지마 신야(오더R)
촬영 : 세키네 오사무

[작품 포인트]

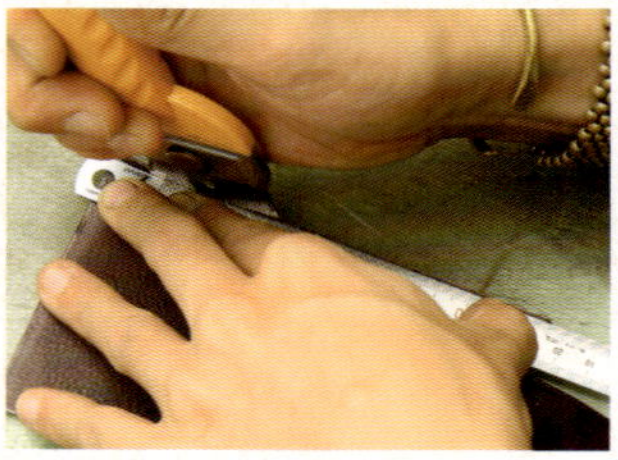

① 붙인 뒤 정사이즈로 자른다

대부분의 파츠를 2mm 정도 여유를 두고 자르고 붙인 뒤 맞춰서 커트. 이렇게 하면 단면이 깔끔해집니다.
각 부분을 작업하면서 잘라내는 부분에 주의합시다

② 시접 부분은 확실히 작업한다

포켓 열리는 부분이나 옆판의 상부는 겉감을 안쪽으로 '꺾어서' 시접 처리합니다. 시접 처리하면 단면이 감춰지고 깔끔한 인상을 줍니다.
두께감이 생기지 않도록 꺾는 부분은 정확하게 피할해야 합니다.

③ 은면 접착 시 표면을 깎지 않아도 되는 방법

은면을 접착할 때 표면을 거칠게 깎아서 접착력을 높이는데 여기서는 표면을 거칠게 하지 않고도 접착하는 방법을 소개합니다. 조금 특수한 방법이지만 가죽에 상처를 내지 않기 때문에 알아두면 좋습니다.

④ 안감이 단면에 튀어나오지 않는 방법

여기서는 동전포켓 안감에 다른 종류의 가죽을 사용합니다. 다른 가죽을 바느질하면 단면 색이나 재질의 이질감이 두드러져 한 장의 가죽처럼 마감할 수 없습니다(일부러 다르게 마감하는 경우도 있습니다). 그래서 안감을 약 2mm 정도 줄여 단면에서 보이지 않도록 합니다.

[사용하는 가죽과 재료]

활동적인 디자인이 특징적인 아이템이라서 좀 유연성 있고 잘 휘는 가죽을 사용합니다(오일을 머금어서 촉촉한 가죽이 작업하기 좋고 아이템의 매력이 살아납니다).
다만 형태를 유지하기 위해 적당한 텐션이 필요하기 때문에 탄닌 무두질 가공을 한 것이 좋습니다.
두께는 겉감 1~1.4mm, 안감 0.8~1mm. 붙여서 2~2.4mm, 옆판이 0.9~1mm. 사용하는 가죽의 질감에 맞춰 조절할 필요가 있습니다. 가죽 외에 스프링도트 1세트와 안단추를 준비합니다.

[사용하는 도구]

① **쇠자** (선을 긋거나 자를 때 외에도 접착제를 바를 때 가이드로도 사용합니다) ② **펀치** (코너 커트용. 없으면 구두칼로 작업할 수 있습니다) ③~⑤ **원형 펀치, 종발** (사용하는 도트 크기에 맞추어 준비합니다) ⑥ **은펜** ⑦ **롤러** ⑧ **세공헤라** (접착제를 바르는 작업에 사용합니다) ⑨ **사포** (판에 붙여서 사용하면 편리) ⑩ **쇠망치** (압착이나 붙일 때 사용합니다) ⑪ **양면테이프** (공업용 하이본(※1)을 사용. 가죽을 붙일 때 사용하지만 일반적인 접착용으로도 사용합니다) ⑫ **슬리커** ⑬ **원형송곳** (끝을 3mm 정도 구부린 커스터마이즈. 자국을 내거나 본드를 바를 때 등에 사용합니다) ⑭ **엣지비벨러** ⑮, ⑯ **손잡이형 가죽칼, 구두칼** (작업에 따라 구분해서 사용합니다) ⑰ **천** (단면 연마에 사용합니다) ⑱ **목공본드** ⑲ **슬리다인** (강력본드. 일부 작업에서 사용합니다) ⑳ **용제계 접착제** (공업용 접착제 반더2610(※2)을 사용합니다. 접착되는 아래쪽에 사용하지만 없어도 은면을 거칠게 만들어서 붙일 수 있습니다. ㉑ **단면마감재** ㉒ **단면염료** (가죽과 어울리는 색을 고릅니다) ㉓ **왁스** (단면 마감에 사용합니다. 손바느질용 왁스여도 상관없습니다) ㉔ **보호제** (작업 마지막에 가죽 겉면에 바르는 독일산 가죽보호제인 레나퍼를 사용합니다) ㉕ **삼각스케일** (제도작업 시 사용하는 삼각자. 가죽을 붙인 뒤 단면을 잘라낼 때 좁은 부위에 사용합니다)

(※1) 아크릴계 점착제가 붙어 있어서 가죽의 유연성이나 바늘 통과를 방해하지 않아서 가죽공예용으로 적합합니다
하이본 11-572
문의 : 히타치 케미컬 폴리머 주식회사 (03-5321-6111)

(※2) 합성고무가 주성분인 용제계 다목적 접착제 : 은면에 발라서 본드 접착력을 보조하는 역할입니다
용제계접착제 반더2610
문의 : 오더 R

※ 주요 도구, 그 중에서도 특징적인 도구만 설명하였습니다. 기본적인 도구는 각자 판단하여 준비해 주세요.

잘라낸 부분을 피할한다

잘라낸 파츠의 일부를 피할해서 두께를 줄여놓습니다. 여유를 두고 자르는 부분, 피할하는 부분에 주의해서 정확하게 작업합시다.

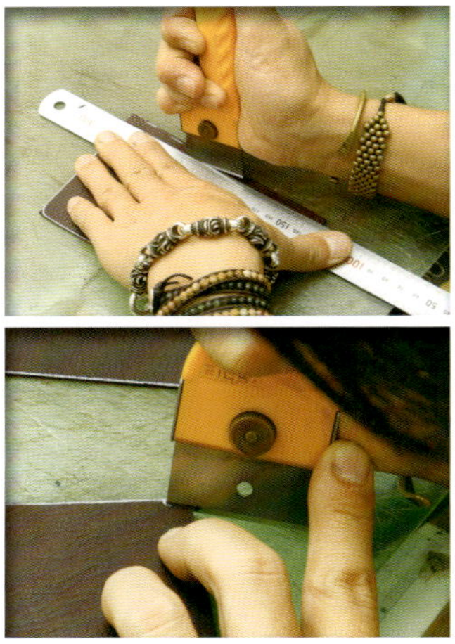

01

모서리의 둥근 부분은 붙인 다음에 자르기 때문에 여기서는 직각으로 작업한다. 쇠자를 대고 바로 잘라낸다. 시접의 꺾는 부분은 둥근 모서리를 사용해서 눌러 자른다. 패턴대로 자르는 부분은 시접과 옆판 아래 정도라서, 나머지는 모두 여유를 두고 잘라낸다

02

오른쪽 사진의 붉게 표시한 부분을 피할한다. 꺾이는 부분은 전체, 다른 곳은 5mm 폭으로 바깥파츠 안감의 오른쪽(Ⓐ)과 안쪽파츠 겉감 왼쪽(Ⓑ)은 나중에 잘라내기 때문에 10mm 정도까지 피할한다

TECHNIQUE NO.28

은펜을 써서 간편하게 자르는 방법

1mm 정도의 여분을 두어 잘라내는 것은 은펜이 편리합니다. 은펜의 선 바깥을 자르고 나중에 정사이즈로 맞출 때 은펜 안쪽을 잘라내면 낭비를 최소화할 수 있습니다.

※모두 내피를 피할한다

CHECK!▶

지갑의 구조는 옆 그림과 같다. 바깥파츠가 동전지갑 아래쪽을 덮고, 앞수납부의 앞쪽을 감싸면서 포켓을 지지해 주는 것이 포인트

지폐 수납부에는 지폐를 접어서 수납하는 콤팩트 스타일

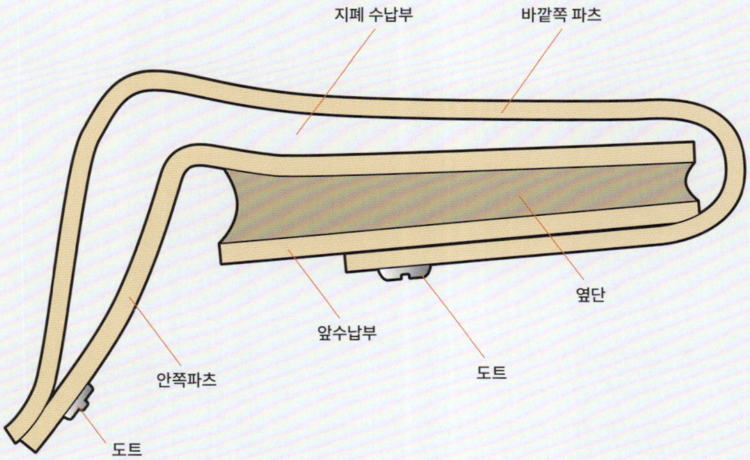

각 파츠를 작업한다

지갑은 크게 4개 파츠로 구성됩니다. 조립하기 전에 각 안팎을 붙이고 시접처리를 해 둡니다.

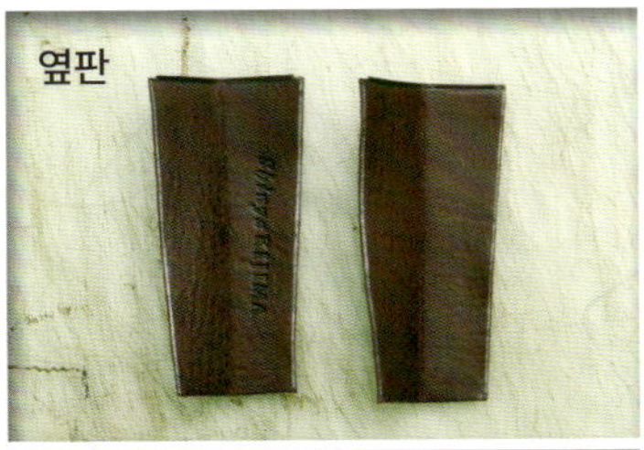

◀ **CHECK!**

지갑은 '옆판', '앞수납부', '안쪽파츠', '바깥파츠'로 구성된다. 옆판은 안감이 없기 때문에 시접만 접는다. 바깥파츠는 안감을 붙여서 시접 처리한 후, 크리저를 긋고 금속장식을 달아 마감한다

01

시접의 꺾는 면 내피에 양면테이프를 붙인다. 접착제를 사용하는 경우 접착면 양쪽 전체에 바른다

◀ **CHECK!**

2개의 옆판은 동시에 양면테이프를 붙이면 작업효율이 올라간다

02 옆판을 작업한다

옆판의 시접 부분을 본체 쪽으로 꺾고 쇠망치로 눌러 자국을 낸다

03

양면테이프의 스티커를 벗기고 시접을 꺾은 후 쇠망치로 두들겨 압착한다

04

시접 부분에 크리저를 긋는다

05

은면이 안쪽으로 가도록 상태로 끝을 맞추어 반으로 접고 쇠망치로 확실히 두들긴다

06 앞수납부를 작업한다

앞수납부의 내피 전체에 양면테이프를 붙인다. 접착제를 쓰는 경우는 앞수납부의 내피 전체에 바른다

07

앞수납부 겉감의 시접 선에 맞추어 앞수납부 안감을 붙이면, 양 사이드에 2mm 씩 여유가 남는다. 가로세로 길이가 다르므로 방향이 틀리지 않도록 신경쓴다

08 ◀POINT!

전면을 롤러로 압착한다. 특히 끝 부분은 쇠망치로 두들겨 압착한다

09

87페이지의 **01~03**과 같은 요령으로 시접처리하고, 확실히 압착한다. 다만 이번에는 안감 은면에 붙이므로 아래쪽 가죽에 2610을 발라둔다. 방법은 다음 페이지에서 상세히 설명한다

10

이 단계에서 시접한 부분에 크리저를 긋는다

TECHNIQUE NO.29

은면을 거칠게 하지 않고 접착하는 방법

거칠게 깎는 대신 접착제 '반더2610'(85페이지 참고)를 쓸 수 있습니다. 2610은 강력해서 은면에도 확실하게 붙고 다른 접착체에도 강력하게 붙을 수 있습니다. 같은 타입의 용제계 접착제로도 대체할 수 있지만 발림성이 좋기 때문에 2610을 추천합니다.

먼저 접착범위를 나눈다. 시접 부분을 접으면서 끝을 쇠자로 누르면 자국이 난다. 거칠게 깎는 경우는 이 범위 안에서 사포 등으로 긁는다

자국을 낸 범위에 맞추어 자를 대고 헤라로 얇게 2610을 바른다. 자를 뗄 때는 접착제가 끌려오지 않도록 끝을 눌러서 들어올린다. 그 다음은 일반적으로 사용하는 슬리다인 등으로 접착한다

11 바깥파츠를 작업한다

바깥파츠 겉은 시접 부분을 남기고 끝에서 10mm 위치 한가운데에 스프링도트 겉단추(암)와 안단추(암)을 단다. 직경 3mm 펀치로 구멍을 내고 스프링도트를 단다

12

단추 뒷면은 요철이 두드러지지 않도록 접착식 부직포나 나일론 시트를 붙인다. 접착제로 얇게 발라 붙여도 된다

13 ◀POINT!

바깥파츠 겉의 내피에 시접 부분 이외의 5mm 씩 공간을 남기고 양면테이프를 붙인다. 접착제를 사용하는 경우는 겉감, 안감 모두 전면에 바른다

▲ CHECK!

양면테이프를 이런 모양으로 붙인다. 이것은 단면에 양면테이프가 튀어나오지 않기 위해서이다. 주위의 남는 부분은 다음 단계에서 접착제(슬리다인)를 바르면 된다

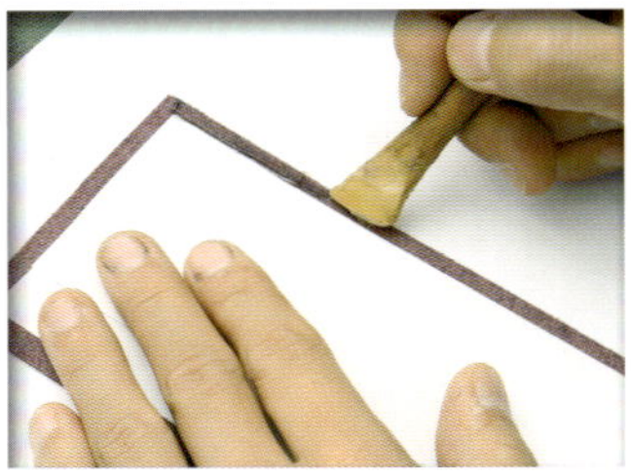

14 ◀POINT!

앞 공정에서 양면테이프를 붙이지 않고 남긴 범위에 슬리다인을 바른다. 추가로 바깥파츠 안감도 동일하게 작업한다. 이때 자를 가이드 삼아서 작업을 하면 안정적이다

◀CHECK!

시접 부분은 뒷부분에 양면테이프를 붙이고 슬리다인은 바르지 않는다. 접착제로 붙이는 경우는 발라도 된다

15

시접쪽에서 뒤의 작업을 고려해서 절반 정도 위치까지 종이를 놀려놓는다.

16

먼저 바깥파츠 겉감 시접 라인과 바깥파츠 안감 직선을 맞추어 하나씩 곡선 구간 앞까지 붙인다

17

이대로 두 개 곡선 구간 표시선 위치에서 완만하게 둥글려 붙이고 전체를 붙여서 맞춘다. 곡선 구간은 완성된 형태를 상상하면서 작업한다

TECHNIQUE NO.30

곡선 구간을 붙이는 요령

이렇게 큰 파츠를 구부려 붙이는 경우는 패턴을 좁게 만들어 일부를 붙이고 여기서 여유분 종이를 잘라내서 맞추면 깔끔하게 마감할 수 있다

특히 이번처럼 비교적 유연한 가죽을 사용하는 경우는 패턴을 좁게 만들어 두면 좋다

18

붙일 때는 롤러로 전체를 압착한다

19 ◀POINT!

곡선구간에는 바깥파츠 안감의 끝이 남을 수 있으므로 잘라둔다. 폭을 넓혀서 피할할 경우는 여기서 피할 범위를 전부 잘라내지 않도록 한다

20

88페이지의 **09**와 동일한 순서로 피할 범위를 작업한다

21

시접 부분을 확실히 압착한다. 단추에 흠집나지 않도록 주의한다

22 안쪽파츠를 작업한다

안쪽파츠 겉감에 둥글게 찍은 끝부터 13mm 위치 중앙에 도트 안단추(수)를 단다. 겉단추 파츠와 동일하게 안감 쪽에 부직포나 나일론 시트를 붙여서 요철이 생기지 않게 한다

◀CHECK!

점착 시트를 붙일 때 안단추(수)를 아래로 해서 가죽을 누르면 가죽에 자국이 생겨버리기 때문에 비닐판을 5mm 정도 구멍을 내고 거기에 단추를 끼우면 단추의 돌기가 들어가므로 작업이 쉬워진다

23

바깥파츠와 동일하게 안쪽파츠 겉감의 주변에 5mm 정도씩 공간을 남기고 양면테이프를 붙이고 남은 부분에 슬리다인을 바른다. 다만 도트를 단 부분 반대쪽은 완성 후 감춰지기 때문에 양면테이프를 끝까지 붙여도 상관없다. 접착제로 바른 부분은 겉, 안감과 동일하게 전면에 붙인다

24 ◀POINT!

도트를 붙인 쪽 끝을 기준으로 붙이기 시작한다. 한쪽 곡선구간을 기준점을 잘 맞춰가며 구부려 붙이면서 전체를 붙인다. 이때 겉(도트 면)을 향해 구부러지도록 꺾는다

25

롤러로 압착한다. 바깥파츠가 산처럼 올라오고 안쪽파츠가 구부러지도록 주의한다

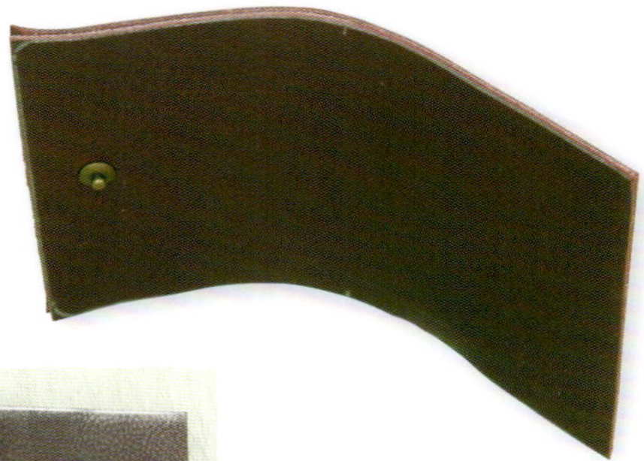

바깥파츠와 앞수납부를 조립한다

이제 파츠 조립 작업에 들어갑니다. 각 부분을 붙이고 단면을 잘라낸 다음, 바느질하는 것을 반복하니 순서에 주의해야 합니다.

01 ◀POINT!

앞수납부 겉면 양 사이드는 정재단한 끝에서 20mm 위치(패턴에 기재)에 바깥파츠를 맞추는 표시를 해둔다. 여기에 맞추어 양 파츠를 겹치고 바깥파츠의 안감에는 앞수납부 끝이 붙는 위치(시접 끝에서 58mm)에 표시를 한다

02

01에서 만든 표시점을 기준으로 붙이는 범위를 확인하고 2mm 정도의 폭으로 슬리다인을 바른다. 접착 밑작업으로 2610을 바르거나 표면을 거칠게 만들어 둔다

03

표시한 위치를 확인하고, 바깥파츠와 앞수납부를 붙인다

04

각 파츠의 양사이드에 3mm 정도의 폭으로 슬리다인을 바르고 앞수납부 안감에 옆판을 단다. 앞수납부는 안감보다 약 3mm 정도 바깥쪽에 바른다

05

시접 쪽 끝과 옆판 상단(넓은 쪽)을 붙이고 끝을 쇠망치로 확실히 압착해 둔다. 바깥파츠, 앞수납부, 옆판을 맞추면, 아래와 같은 상태가 된다. 다음 공정에서는 둥근 표시로 에워싼 부분을 바느질한다

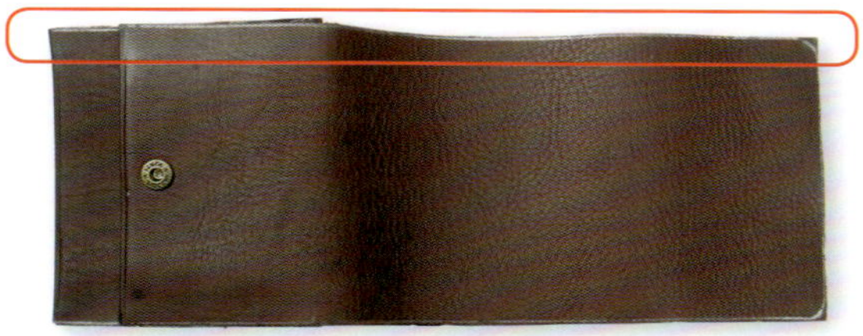

06 ◀POINT!
지폐지갑 입구쪽 1면을 바느질하는데, 쇠자를 대고 1mm 정도 잘라낸다. 안쪽 옆판을 잘라버리지 않도록 주의한다

07
자른 쪽의 시접과 반대쪽 각은 바느질한 후 둥글게 커트. 패턴을 겹쳐서 곡선을 표시할 때는 정확히 센터에 표시한다. 이것은 바느질 위치의 표시다

08
지폐지갑 입구쪽을 동전포켓 입구로부터 **07**에 표시한 표시점까지 바느질한다. 미싱으로 작업하지만, 손바느질할 경우는 사진보다 바느질 폭을 좀 더 넓게 하는 것이 좋다

09 ◀POINT!
07에서 그린 곡선에 맞추어 모서리를 자르는데, 바느질하지 않은 경우 시간이 지나면 떨어지므로 조금 남겨둔다. 코너 칼펀치용 공구를 쓸 때는 커브를 간단하게 만들 수 있다

안쪽파츠를 붙여서 포켓을 조립한다

안쪽파츠를 붙여서 동전포켓을 만듭니다. 바느질 부분, 바느질 범위가 복잡하므로 주의해야 합니다.

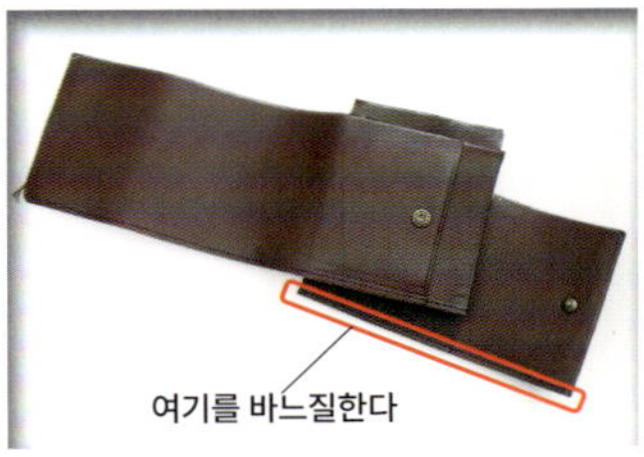

◀CHECK!
지폐지갑 입구 부분의 옆판만 안쪽파츠를 붙이고, 하단(포켓 아래쪽 모서리)부터 상단(덮개 쪽 모서리) 까지 바느질해서 사진과 같은 상태로 만든다

01
앞수납부 겉감(도트를 단 쪽), 지폐지갑 입구쪽 옆판의 접착 범위에 슬리다인을 바른다

02
슬리다인을 바른 부분을 맞춰 붙인 후 압착한다

03
붙인 쪽을 위에서부터 아래까지 바느질하는데, 그 전에 남은 은펜 라인(약 1mm 폭) 단면을 잘라낸다

04

모서리는 93페이지의 **07**과 동일한 요령으로 곡선 중앙에 바느질 위치를 표시해 둔다. 그 다음 잘라낸 부분을 아래부터 위쪽까지 바느질한다. 이것으로 동전포켓의 오른쪽이 연결된다

05

93페이지의 **09**와 동일하게 곡선을 잘라둔다

◀ CHECK!

다음 공정에서는 지폐지갑 아래쪽의 옆판과 앞수납부를 바느질한다. 바느질 범위는 옆판 하단에서 조금 띄운 위치에서 곡선구간까지. 이 앞쪽은 바깥파츠에 붙인 다음 바느질한다

06

바깥파츠의 지폐지갑 아래쪽 부분을 앞수납부와 옆판 부분에 맞추어 1mm 폭으로 잘라낸다

07

'CHECK'에서 표시한 왼쪽 하단의 '바느질 범위'의 끝에 표시를 하고, 그 표시부터 위(포켓 입구)를 바느질한다

◀ CHECK!

다음 공정에서는 **07**에서 바느질한 옆판 안쪽과 안쪽파츠를 접합한다. 다만 바느질은 바깥파츠와 붙인 다음에 하기 때문에 붙인 부분이 떨어지지 않도록 주의해서 작업한다

08

옆판과 안쪽파츠의 접착면에 슬리다인을 바른다. 안쪽파츠는 아래부터 78mm 범위

09

안쪽파츠와 옆판을 붙인 다음 쇠망치로 확실히 압착한다

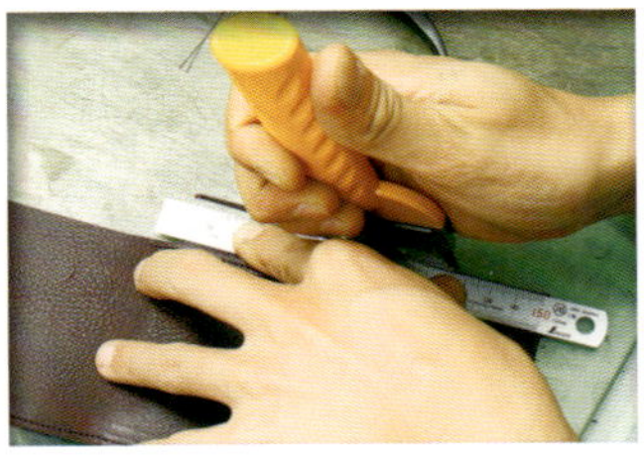

10

붙인 부분(안쪽파츠의 지폐지갑 아래쪽)을 1mm 정도 폭으로 잘라낸다

◀ CHECK!

아래 사진처럼 모든 파츠가 조립되었다. 왼쪽 사진은 동전포켓 아래쪽에서 보았을 때의 모습이다. 그 다음 바깥파츠와 안쪽파츠를 붙여서 바느질하면 완성

전체를 조립해서 마감한다

바깥파츠와 안쪽파츠를 붙여 L자 형태로 바느질하면 지갑 형태가 완성됩니다. 마지막으로 단면을 확실히 눌러서 마감합니다.

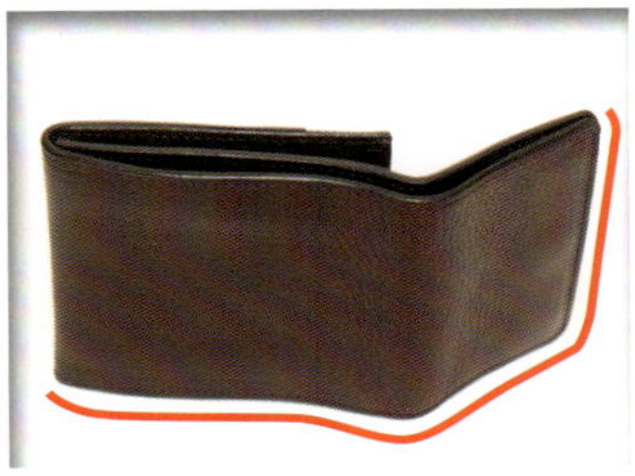

◀ CHECK!

바깥파츠를 꺾어서 안쪽파츠를 감싸듯이 붙인 다음 바느질한다. 바느질 범위는 왼쪽 사진에서 빨간 선으로 표시한 부분. 94페이지의 **07**에서 바느질한 스티치에 맞붙도록 바느질한다

01

바깥파츠와 안쪽파츠를 붙일 때, 옆판 아래의 끝이 오는 위치에 표시한다. 이 표시부터 앞쪽이 바깥파츠의 접착범위가 된다

02

접착 범위에 슬리다인을 바른다

03

앞의 덮개 위쪽을 붙인다음 지폐지갑의 아래쪽을 구부려서 붙인다. 붙인 부분은 쇠망치로 확실하게 압착해야 한다

04 ◀POINT!

덮개 상단을 1mm 정도의 폭으로 잘라낸다. 이것이 마지막 단면 자르기이다. 이 부분은 단추가 방해가 되기 때문에 챕터 앞에서 소개한 삼각 스케일을 활용하면 좋다

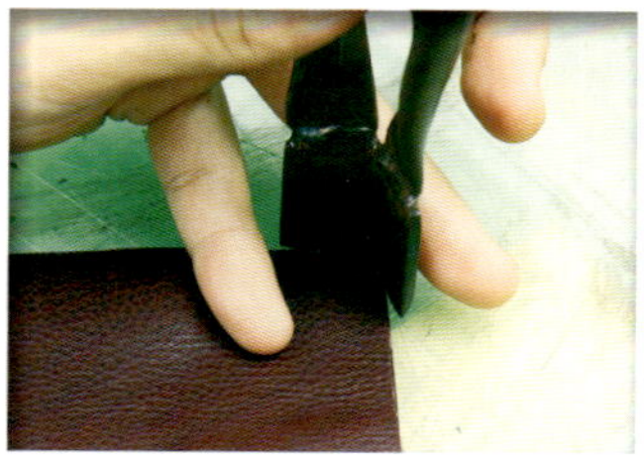

05

바느질 전에 덮개 양 사이드의 모서리를 열어 둥글게 잘라낸다. 사진에서는 코너 칼펀치를 사용해서 절단한다

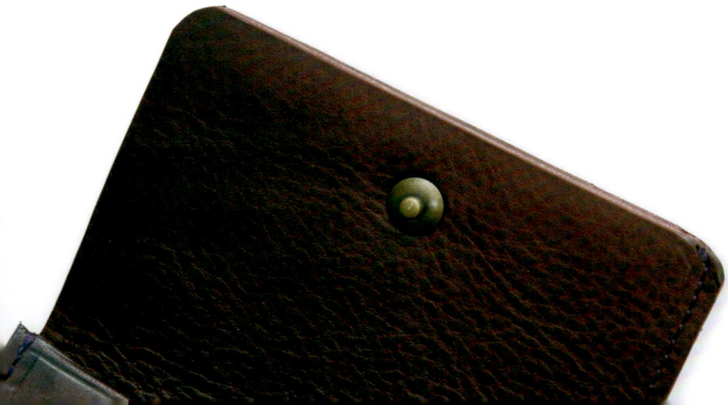

06

추가로 모서리를 사포로 문질러 둥글게 만든다

07

붙인 부분을 L자 형태로 바느질한다. 바느질 땀은 쇠망치로 두들겨 스티치를 안정적으로 붙게 한다

08 단면 마감과 보혁 작업

모든 단면을 마무리한다. 먼저 엣지비벨러로 모서리 면을 잘라낸다

09 ◀POINT!

단면에 염료를 칠한 다음 마르기 전에 슬리커로 가볍게 마무리한다. 이 작업을 하면 단면 처리가 스무스해진다

10 ◀POINT!

연마 전에 레이어 크리저를 긋는다. 크리저를 그을 때는 온도에 주의한다. 온도가 너무 높아지면 잉크가 녹고 단면이 거칠어진다. 이 다음에 샌드페이퍼 #400~#600으로 가볍게 문질러주면 좋다. 또한 토코놀에 수지성분이 포함되어 있기 때문에 토코놀을 사용하는 경우는 크리저를 그은 후 바른다

11

계속해서 단면 작업을 한다. 사포로 문지르고 마감재를 천에 발라 광택을 내서 단면을 깔끔하게 마감한다

TECHNIQUE NO.31

단면 연마 작업을 효율적으로 하는 포인트

왼쪽 09에서 한 대로 본격적인 단면 연마에 앞서, 수분으로 연마해서 안감을 작업해 두면 좋습니다(그냥 물도 괜찮습니다). 또한 가죽 부위나 결에 따라 성질이 달라 단면 정리 방법도 제각각입니다. 성질에 따라 길을 잘 들이면 효율적으로 작업할 수 있으므로 먼저 많은 가죽을 사용해 보는 것이 중요합니다.

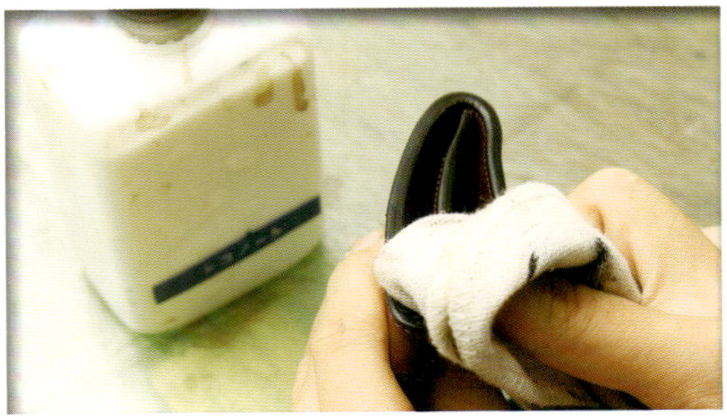

12

마지막으로 전체적으로 레나퍼를 발라 보혁 작업을 한다. 추가로 양손으로 잡고 형태를 확실히 잡아준다

SHINYA KIJIMA

ORDER R

SHOP DATA
오더R(オーダーR)
도쿄도 기타구 호리후네 3-32-3
Tel/Fax 03-6240-8176
URL http://homepage2.nifty.com/kijim-earl/
blog http://leather-order.jugem.jp/
e-mail leather-order@r.nifty.jp

기지마 신야 씨

새로운 물건을 '상상하고 창조한다'는 것 그것 자체가 생활인 남자.

새로운 물건이나 가치를 창조하는 행위는 본능적인 기쁨을 주지만, 그에 이를 때까지 많은 고생과 우여곡절도 피할 수 없습니다. 그 여정은 힘들고 때로는 좌절을 맛볼 수도 있습니다. 그러나 기지마씨의 작업을 보면 이 과정조차 느낌 좋은 분위기를 내는 것 같습니다. 분명 그에게 있어 창조는 본능이고 그 성취감은 일종의 카타르시스이기 때문일 것입니다. 후진 양성에도 힘을 쏟는 기지마씨의 활동은 바이탈리티로 넘쳐흐르고 있습니다. 이런 그의 모든 작품은 수작업의 감성을 자극하고 있습니다.

PART V CARD CASE

명함지갑은 심플함이 제일 중요.
다만 여유로움은 잊지 않고 가져가고 싶습니다.
산뜻한 와인레드의 가죽에 하이콘트라스트를 주는 블랙 단면.
이 긴장감이 어른의 매력을 보여줍니다.
안감이나 포켓의 입구는 여유롭고
본체의 힘은 살짝 뺍니다.
그것이 밸런스 감각.

명함지갑 만들기

제작 : 이토 다쿠 (가죽공방 TAKU)
촬영 : 시미즈 료타로

[작품 포인트]

① 보강재를 넣어 스타일링

본체 3개에 보강재를 넣어 가죽 텐션의 강약을 컨트롤해서 깔끔한 형태를 만들어냅니다. 패턴에는 보강재의 형태나 붙이는 위치를 표기하였으나, 사용하는 가죽에 따라 조금씩 바꾸어가면서 이상적인 스타일링을 찾아보세요.

② 전면을 붙이지 않고 여유를 둔다

안감을 붙일 때 곡선 구간을 중심으로 해서 일부 범위는 접착제를 바르지 않습니다(왼쪽 사진의 가죽에서 어두운 부분이 접착제를 바른 부분). 이렇게 하면 전체를 바르는 것보다 가죽의 움직임이 부드러워집니다. 반대로 텐션을 줘야 하는 수납부는 확실히 접착제를 발라 붙입니다.

③ 안감은 누벅을 사용해서 고급스럽게 마감한다

이 작품의 포인트는 안감으로 누벅 가죽을 사용하는 것입니다. 소가죽의 은면에 보풀이 일게 하여 만든 누벅은 털이 짧고 빌로도 같은 감촉을 가지고 차분한 광택이 특징적인 가죽입니다. 감춰지는 부분에 고급감 있는 소재를 사용하면 작품이 더욱 고급스러워집니다. 접착제나 염료로 오염되기 쉽기 때문에 제작 중에 주의를 요합니다.

[사용하는 가죽과 재료]

겉감은 산뜻함과 차분한 분위기를 내는 와인레드를 사용하였습니다. 탄닌으로 무두질한 오일레더는 밝은 색이어도 어른스러운 질감이 나와서 좋습니다. 안감에는 앞서 소개한 대로 고급스러운 검은색 누벅을 사용해서 콘트라스트를 나오게 합니다. 두께는 수납부 겉감, 옆판, 포켓은 1mm, 칸막이는 조금 얇게 해서 0.6mm 정도, 각 안감은 0.6mm로 합니다. 보강재는 0.4mm 정도의 두꺼운 종이를 준비합니다.

[사용하는 도구]

① **유리판** (압착할 때 사용합니다) ② **헤라** ③ **사포** (판에 붙여서 사용하면 편합니다) ④ **손피할기** (단면 정리 시 사용합니다. 다른 도구를 사용해도 무방합니다) ⑤ 천 (단면 마감에 사용합니다) ⑥ **쇠망치** (압착 시 사용합니다) ⑦ **나무망치** (목타로 바느질 구멍을 만들 때 사용합니다) ⑧ **삼각자** 선을 긋거나 계측 시 사용하면 편리합니다) ⑨ **은펜** ⑩ **목타** ⑪ **원형송곳** ⑫ **마름송곳** ⑬ **쇠자** ⑭ **디바이더** ⑮ **수세미** (단면 마감에 사용합니다) ⑯ **가위** ⑰ **구두칼** ⑱ **둥근 조각칼**(모서리를 둥글게 잘라낼 때 구두칼보다 안정적으로 작업할 수 있습니다) ⑲ **다이아몬드** (합성고무계의 비교적 강력한 접착제) ⑳ **단면염료** (검은색을 씁니다. 선호하는 브랜드로 선택하면 됩니다) ㉑ **단면마감재** ㉒ **목공본드** (실 자를 때 씁니다) ㉓ **왁스** (단면 마감 시 제일 마지막에 사용합니다. 손바느질용 왁스여도 무방합니다)

※ 주요 도구, 그 중에서도 특징적인 도구만 설명하였습니다. 기본적인 도구는 각자 판단하여 준비해 주세요.

파츠를 잘라낸다

파츠를 패턴에 맞추어 잘라냅니다. 다만 안감 파츠는 여유를 두고 잘라서 붙인 다음에 정재단 합니다.

01

패턴을 가죽에 붙이고 정확하게 재단한다. 입구 곡선 부분은 단면이 수직이 되도록 주의하면서 작업한다

◀ CHECK!

안감 파츠(수납부 안감, 칸막이 안감)은, 겉감과 붙인 뒤 정재단하기 때문에 여기서는 사방 5mm 여유를 두고 잘라낸다. 또한 수납부 곡선도 붙인 후에 둥글게 자르기 때문에 여기서는 직선 그대로 잘라낸다

수납부에 보강재와 안감을 붙인다

보강재, 안감 순으로 수납부에 붙이고 파츠를 완성합니다. 완성했을 때의 형태가 결정되므로 위치를 신중하게 잡아야 합니다.

01

수납부 겉감, 완성 후 평면이 되는 부분 3곳에 보강재를 넣어야하기 때문에 내피에 붙일 위치를 표시한다. 위치는 패턴에 기재되어 있지만 가죽이나 보강재의 두께, 바느질 폭 등에 맞추어 조절하는 것이 좋다

02 ◀ POINT!

곡선 구간 중앙은 놔두고 전면에 다이아몬드를 바른다. 아래 사진에서 색이 짙은 부분이 접착제를 바른 곳

03

보강재 한쪽에 다이아몬드를 바르고 **01**에서 수납부에 그려 놓은 라인에 맞추어 보강재를 붙인다. 유리판 등으로 잘 압착한다

◀ **CHECK!**

붙인 다음 실제 모양으로 세 번 접어서 보강재가 움직임을 방해하지 않는지 확인해야 한다. 가죽에 따라 위치나 보강재의 크기를 조절한다

TECHNIQUE NO.32

보강재와 접착으로 스타일링을 컨트롤

이 작품은 붙여서 형태를 유지하는 부분(명함을 수납하는 수납부)과 부드러운 부분(덮개의 가동 부분)이 혼재합니다. 제작을 시작하기 전에 이 부분을 잘 이해해 두면 보강재와 접착범위를 조절해서 부분에 따라 이상적인 형태를 만들 수 있습니다. 기본적으로 '접착하지 않는다 → 다이아몬드(본드)로 접착 → 백본드(비닐계 본드)로 접착 →보강재를 붙임'의 순으로 붙이면 됩니다. 가죽 자체의 텐션이나 두께에 맞추어 너무 부드러우면 보강재를 넣고, 넣은 부분이 너무 단단하면 접착하지 않고, 등으로 응용할 수 있습니다. 또한 보강재 위치가 움직이는 부분에 근접하면 움직임에 방해가 되기 때문에 보강재 크기나 붙이는 위치에도 주의합니다. 이 작품에는 그림처럼 주변에 접착제를 발랐습니다만, 사용하는 가죽의 질감을 보면서 적당히 작업합시다.

04

수납부 안감 내피에 곡선 구간을 그린다

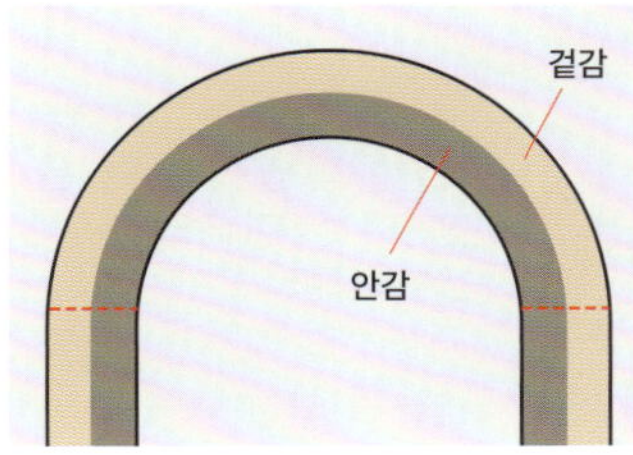

◀ **CHECK!**

이때 곡선 구간 바깥쪽이 길어져야하기 때문에 조금 길게 자른다. 따라서 안감은 약간 짧아진다.

05

안감 내피면, 수납부 겉감에 붙이는 보강재에 다이아몬드를 바른다. 이때 앞쪽 수납부에 닿는 부분은 10mm정도만 바르고, 가운데는 접착하지 않는다(왼쪽 아래 사진 참조)

06

앞 수납부가 되는 부분(다이아몬드를 전체 바른 부위)을 붙인다

07

수납부를 세 번 접어 구부린다. 이때 곡선 구간도 완성 시 형태에 영향을 준다. 덮개 쪽 곡선 구간은 열고 닫는 것을 고려해서 각도를 약하게 한다

08
유리판 등으로 눌러 압착한다. 은면을 누를 때는 상처가 나지 않도록 주의

09
안감 여유분을 잘라낸다. 단면이 깔끔한 수직이 되도록 정확하게 작업한다

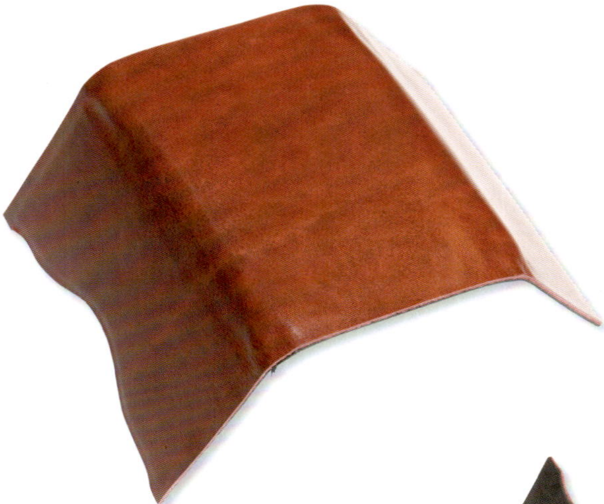

칸막이에 보강재와 안감을 붙인다

칸막이 파츠도 겉, 보강재, 안감을 붙여서 작업합니다.
곡선 구간이 없으므로 작업은 단순합니다.

01
겉감과 안감의 내피면, 보강재 한쪽에 다이아몬드를 바르고, 보강재를 한쪽에 붙인다. 이때 바르는 범위를 균등하게 하고, 정확히 한가운데에 붙인다. 그 다음 보강재 다른 한쪽에도 다이아몬드를 바르고 양 파츠를 합친다

02
붙이고 나서 잘 압착하고 여유분을 잘라낸다

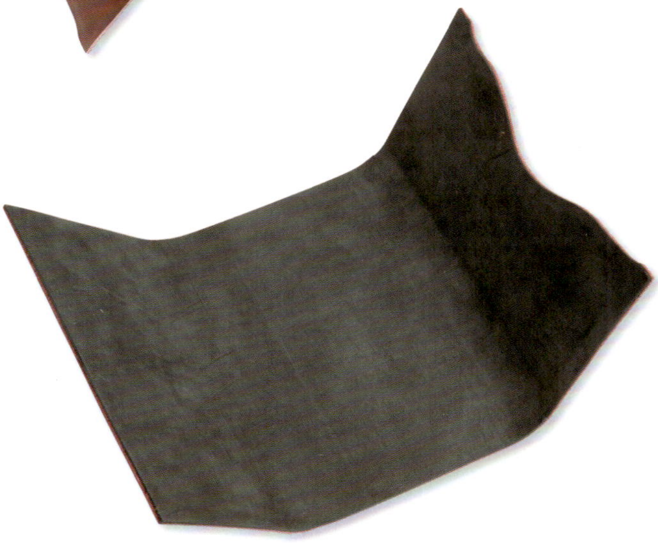

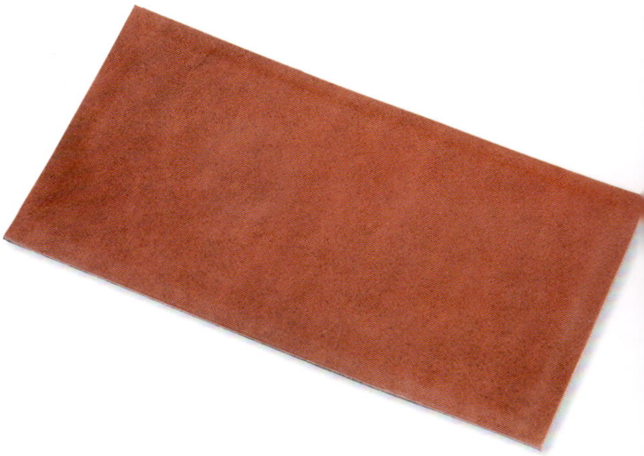

단면을 마감한다

포켓 입구, 칸막이 상하, 옆판 상하, 수납부 입구의 단면은 바느질 한 뒤는 다듬을 수 없기 때문에 미리 다듬습니다.

01
손피할기로 모서리를 쳐내고, 사포로 다듬는다. 손피할기는 능숙하지 않으면 가죽을 너무 많이 깎아낼 수 있기 때문에 엣지비벨러나 사포를 사용해도 된다

02
염료를 넣은 스폰지 등을 사용해서 단면에 바른다

03
단면마감재를 발라 천으로 문질러 광택을 낸다

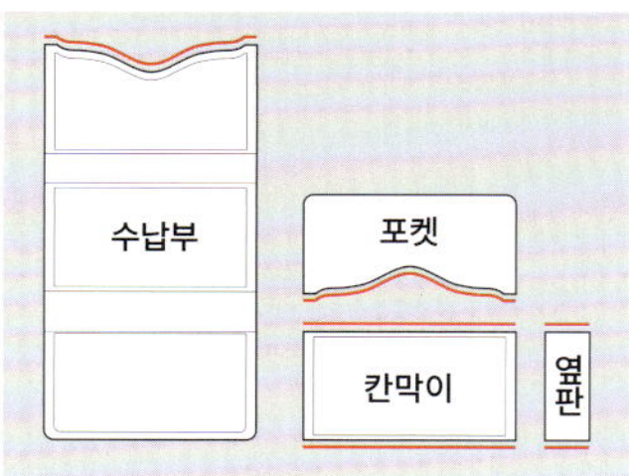

◀ CHECK!
왼쪽 그림에 표시한 모든 부분의 단면을 다듬어둔다

파츠를 조립한다

모든 파츠가 준비되었으므로 조립해서 각 부분을 바느질합니다. 바느질 순서에 주의해야 합니다.

01 옆판과 포켓
수납부에 포켓을 겹쳐서 붙일 위치를 표시한다. 동일하게 옆판 위치도 표시해 둔다(패턴에 위치가 표시되어 있다)

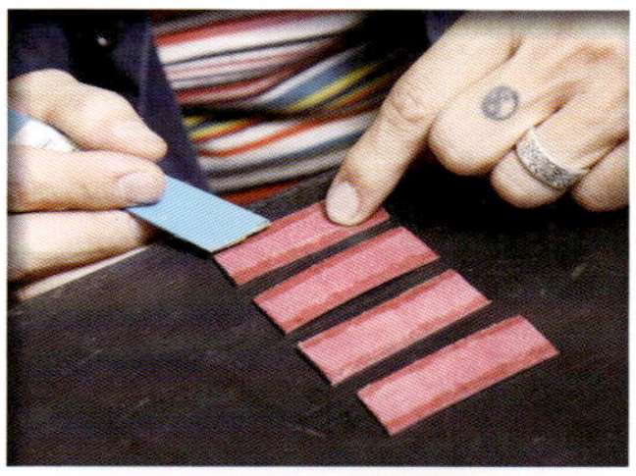

02
옆판 양 사이드, 수납부 옆판 붙이는 위치에 3mm 폭으로 다이아몬드를 바른다. 누벅은 은면도 접착제가 잘 붙기 때문에 표면을 거칠게 긁어내지 않아도 충분히 접착할 수 있다

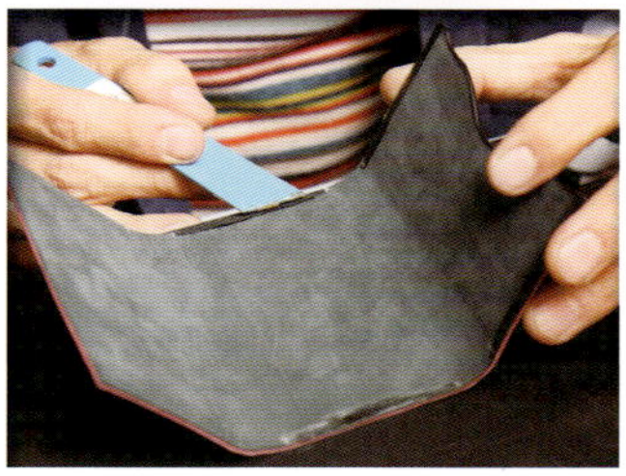

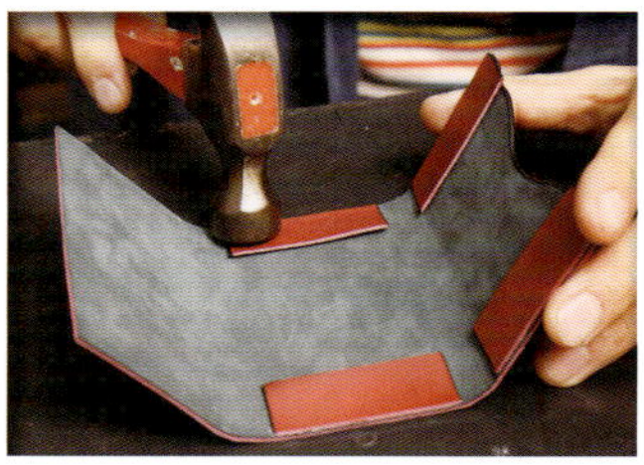

03
옆판을 수납부에 붙이고 쇠망치로 확실히 압착한다

04
계속해서 포켓 접착범위(입구 제외한 3개 변)에도 다이아몬드를 바른다. 동일하게 수납부가 붙는 변에도 바른다.

05
위치를 맞춰 포켓을 붙이고 압착한다

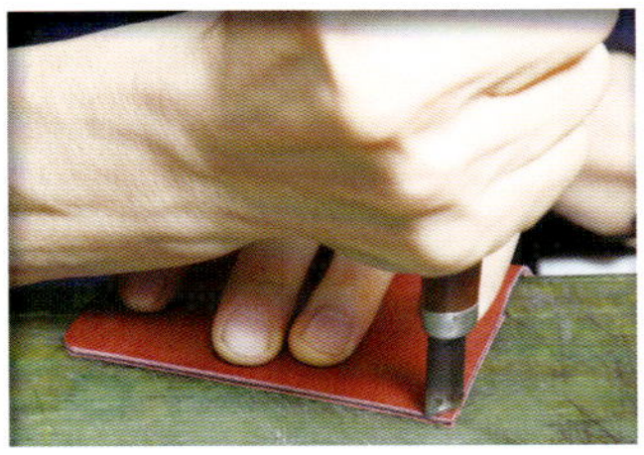

06 ◀POINT!
붙이고 나면 덮개쪽 양 모서리를 둥글게 커트한다. 둥근 조각칼로 간단하게 작업할 수 있지만, 구두칼로 잘라내도 된다

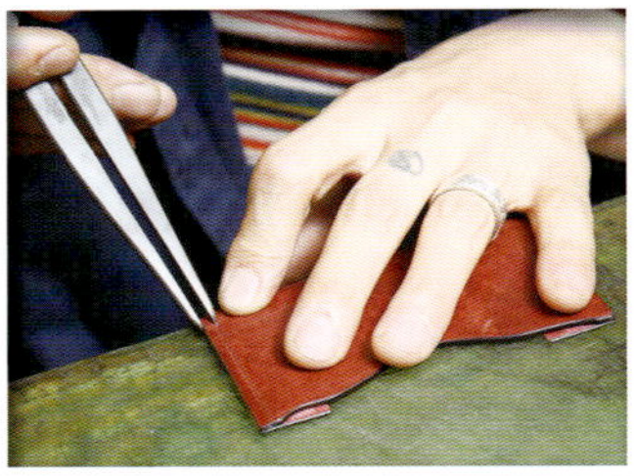

07
바느질선을 긋고 목타를 친다. 입구 끝부터 시작해서 덮개 반대쪽 입구 부분까지, 옆판 단차에 주의하면서 구멍을 뚫는다. 곡선 구간에 목타를 칠 때는 늘어나지 않도록 작업대 모서리를 이용하면 좋다. 구멍을 뚫으면 아래 사진과 같은 상태가 된다

08
바느질한다. 도중에 실이 모자라는 경우는 실이 끊긴 부분이 눈에 띄지 않도록 주의한다

09
바느질한 부분을 쇠망치로 두들겨서 실이 들뜨지 않도록 고정한다

10
바느질한 부분의 단면을 마감한다. 단면을 깎고 사포로 다듬은 후 염료를 바른다. 단면 마감재를 발라 연마한다

11 칸막이를 붙인다

칸막이 양 사이드는 안팎 양쪽에 폭 3mm 정도로 다이아몬드를 바른다. 겉면은 다이아몬드를 바르기 전에 거칠게 긁어놓는다

12

칸막이 양쪽 옆판에 끼워넣고 압착한다. 이때 칸막이 안팎이 바뀌지 않도록 주의. 칸막이는 수납부에서 튀어나온 상태로 작업을 계속한다

13

칸막이 끝에 선을 긋고 목타를 친 후 바느질한다

14

칸막이와 옆판 바느질 부분의 단면을 마감한다

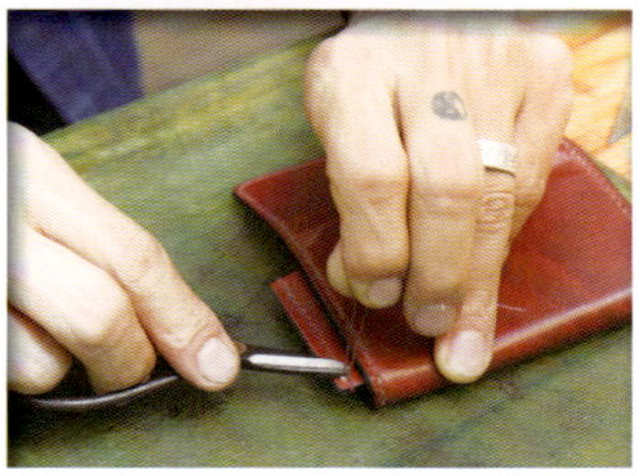

15 ◀POINT!

계속해서 칸막이 반대쪽을 잡고 수납부 반대쪽으로 당긴다. 이 다음 작업은 **12~14**와 동일하다. 튀어나온 채로 바느질한 부분의 단면을 마감한다

16

마지막으로 단면 전체에 왁스를 바르고 가볍게 천으로 광택을 내면 작업 종료

PART VI COIN CASE

칠흑의 코도반과 진홍색 실의 조합
스타일리시한 동전지갑.
세 번 꺾어 닫는 대용량으로
입구도 크게 벌려져서 마음대로 사용할 수 있는 작품입니다.
쿨한 외관에 감춰진 합리성으로
이상과 현실을 동시에 갖춘
어른의 가죽소품입니다.

동전지갑 만들기

COIN CASE

제작 : 이토 다쿠 (가죽공방 TAKU)
촬영 : 시미즈 료타로

[작품 포인트]

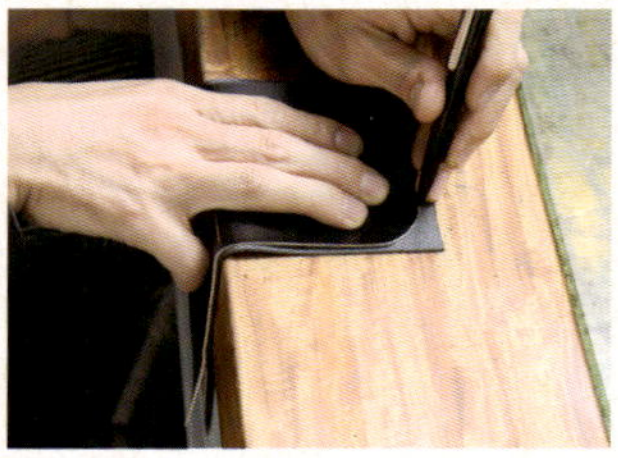

① 구부린 상태에서 파츠를 조립한다

이 책을 처음부터 순서대로 읽는 분은 익숙할 '곡선 구간'을 여기서도 이용합니다. 다만 이번에는 조금 순서를 다르게 하니 주의해야 합니다. 동전을 넣는 중앙을 붙이고, 그 양쪽을 바느질한 후 실제 구부러지는 범위를 마킹합니다.

② 곡선 구간은 접착제를 바르지 않는다

이 동전지갑은 수납부가 테두리 같은 구조가 되므로 이 사이의 옆판이 수납부 개폐에 맞춰 움직입니다. 또한 수납부는 적당히 텐션이 있고 구부리고 펴는 부분은 유연해야 합니다. 여기서는 접착제를 부분적으로 바르지 않아서 움직일 수 있게 하였습니다.

③ 옆판은 붙인 다음에 구멍을 뚫는다

수납부와 옆판을 조립한 후에 입체적인 구조가 되기 때문에 목타로 구멍을 내기 힘듭니다. 그래서 먼저 수납부에 구멍을 뚫어두고, 옆판을 붙인 다음에 마름송곳으로 관통합니다. 뚫을 때 옆판이 비뚤어지지 않도록 마름송곳을 잘 잡고 깔끔하게 뚫도록 합시다.

[사용하는 가죽과 재료]

수납부는 먼저 언급한 대로 적당히 텐션이 있어야 하기 때문에 너무 부드럽지 않은 가죽이 필요합니다. 부드러운 가죽을 쓸 때는 접착이나 보강재를 다르게 해서 텐션 강도를 조절합니다. 여기서는 검은 코도반을 사용해 보겠습니다. 안감은 누벅(자세한 해설은 104페이지에서 해설)입니다. 두께는 수납부 겉감이 1.2mm, 안감이 1mm. 포켓, 옆판은 0.7~0.8mm 정도입니다. 옆판은 수납부보다 텐션이 적어야 하므로 피할할 수 없는 경우는 다른 종류의 얇은 가죽을 준비해 주세요. 두께 0.4mm 정도의 종이를 보강재로 준비하고, 도트도 구비합니다.

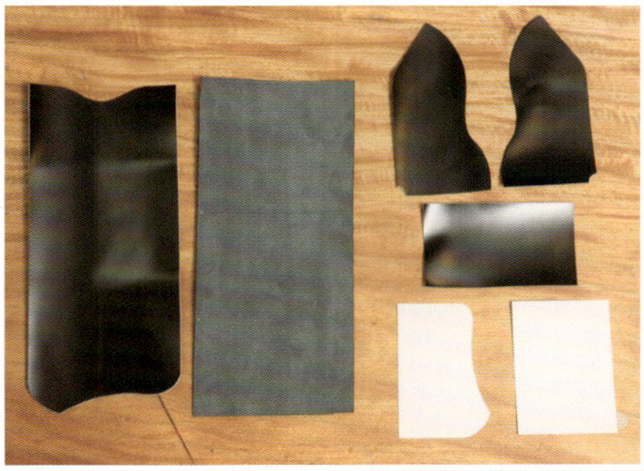

[사용하는 도구]

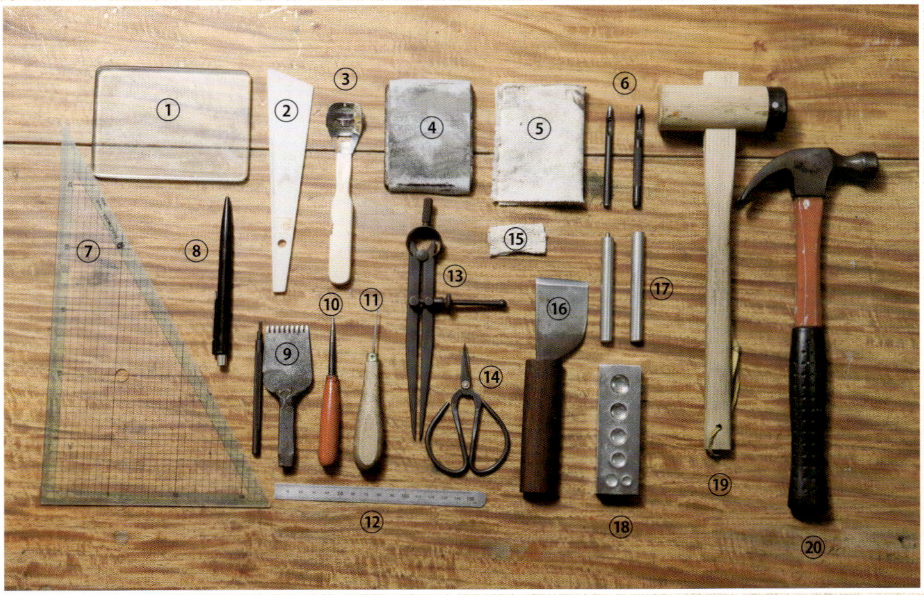

① **유리판** (압착 시 사용합니다) ② **헤라** ③ **사포** (판에 붙여서 사용하면 편합니다) ④ **손피할기** (단면 정리 시 사용합니다. 다른 도구를 사용해도 무방합니다) ⑤ **천** (단면 마감에 사용합니다) ⑥ **원형 펀치** (사용하는 도트 구멍 크기에 맞추어 준비합니다) ⑦ **삼각자** (선을 긋거나 계측 시 사용하면 편리합니다) ⑧ **은펜** ⑨ **목타** (코너가 많으므로 1날, 2날짜리가 필요합니다) ⑩ **원형송곳** ⑪ **마름송곳** ⑫ **쇠자** ⑬ **디바이더** ⑭ **가위** ⑮ **수세미** (단면 마감에 사용합니다) ⑯ **구두칼** ⑰ **도트 공구** (사용하는 도트 사이즈에 맞추어 준비합니다) ⑱ **종발** (도트 조립 시 사용합니다) ⑲ **나무망치** ⑳ **쇠망치** ㉑ **다이아몬드** (합성고무계의 비교적 강력한 접착제) ㉒ **단면염료** (가죽에 맞추어 검은색으로 준비) ㉓ **단면마감재** ㉔ **목공본드** (실 자를 때 씁니다) ㉕ **왁스** (단면 마감 시 제일 마지막에 사용합니다. 손바느질용 왁스여도 무방합니다)

※ 주요 도구, 그 중에서도 특징적인 도구만 설명하였습니다. 기본적인 도구는 각자 판단하여 준비해 주세요.

파츠를 잘라낸다

수납부 겉감, 옆판은 패턴대로, 안감은 여유를 두고 잘라냅니다.
포켓 파츠는 이 책 패턴에 없으므로 주의합니다.

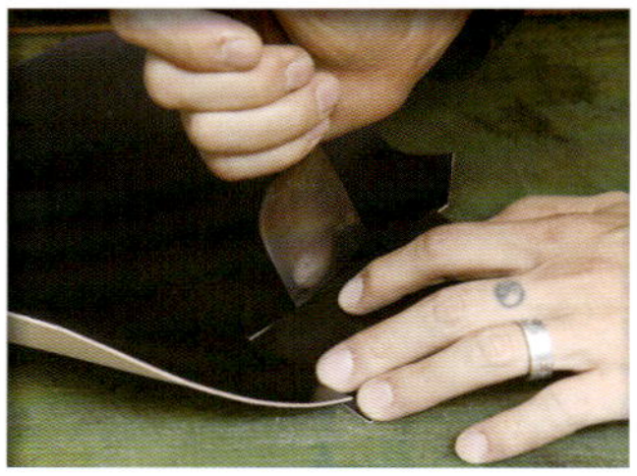

01 ◀POINT!

패턴을 가죽에 대고 구두칼 등으로 정확히 잘라낸다. 포켓 파츠는 패턴이 없으므로 110×65mm 정방형으로 잘라둔다. 수납부 안감은 겉감보다 5mm 여유를 두고 자른다. 보강재는 수납부 패턴 안에 그려진 '보강재 붙이는 위치'를 참고해서 잘라내는데, 사용하는 가죽에 맞추어 변형해도 된다

수납부 보강재와 겉감을 붙이고 포켓을 단다

수납부 겉감에 보강재, 안감, 포켓을 붙이고 수납부를 조립.
곡선 구간과 바느질 순서에 주의합니다. 중간에 도트를 답니다.

01 동전 수납부

수납부 겉감 내피에 패턴에 기재된 '바느질 선'과 중앙의 '보강재 붙이는 위치'를 표시한다

02 ◀POINT!

먼저 '바느질 선' 사이에 다이아몬드를 바른다

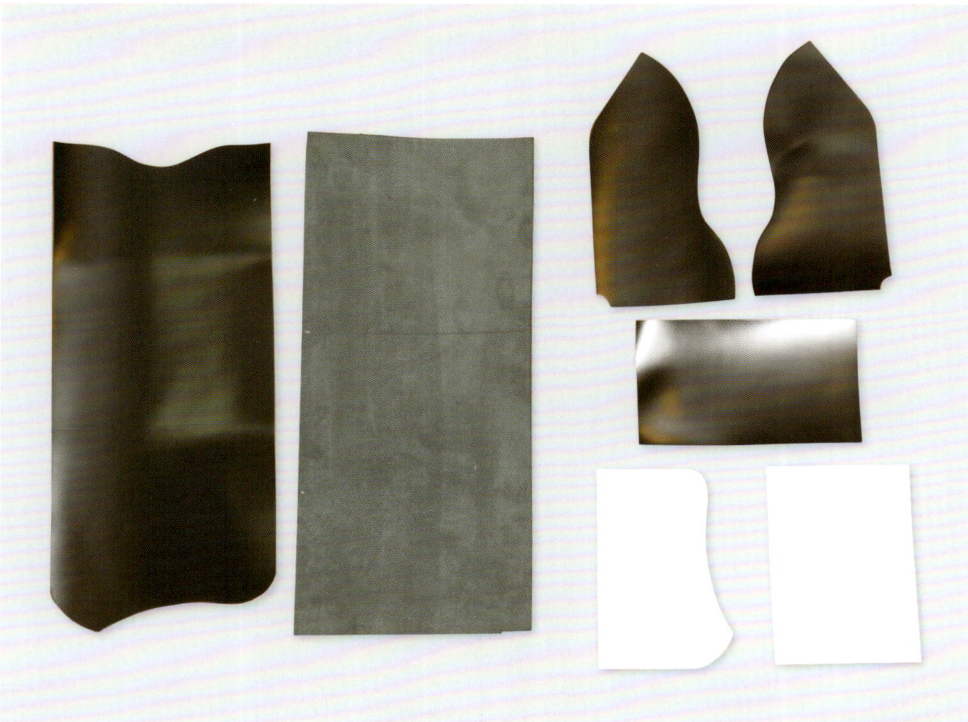

03
중앙에 바른 보강재 한쪽에도 다이아몬드를 바르고 01에서 그린 선에 맞추어 붙인다. 유리판 등으로 눌러서 확실히 압착한다

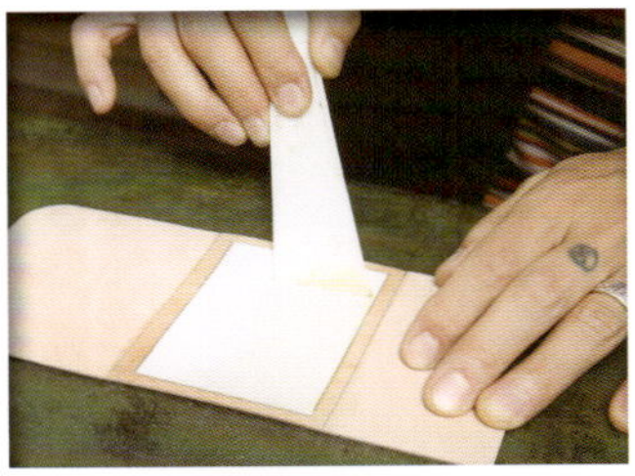

04
이어서 보강재 다른쪽에도 다이아몬드를 바른다. 또한 안감 내피에도 '바느질하는 선'을 그리고 가운데 다이아몬드를 발라둔다

05
바느질 선에 맞추어 수납부 겉감과 안감을 붙인다. 유리판으로 눌러서 확실히 압착한다

06 ◀POINT!
수납부 겉감 겉면에 바느질 선을 긋고 목타로 구멍을 뚫는다. 이때 각 라인 양 끝에 구멍 한 개 정도를 뚫지 않고 비워둔다(아래 붉은색 원). 이것은 마지막 옆판 붙일 때 작업 공간을 남겨둔 것이다. 그다음 중앙에서 '포켓쪽'과 '덮개쪽'으로 나누어 한쪽씩 작업한다

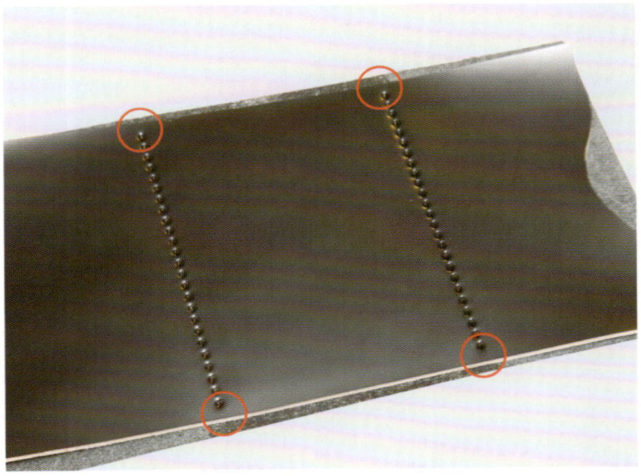

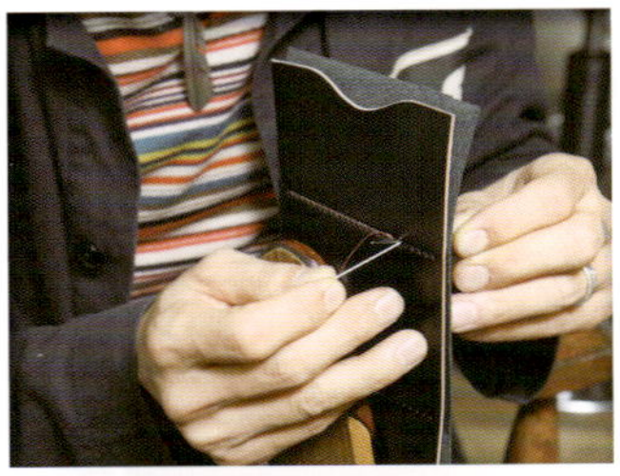

07 포켓쪽을 작업한다
먼저 바느질 라인 중 포켓에 가까운 쪽을 작업한다. 실은 안쪽에서 자른다

08

실을 쇠망치로 두들겨 실이 가죽에 잘 붙게 한다

09

포켓 입구 부분을 붙이는 위치를 표시한다. 방법은 아래의 'TECHNIQUE No.33' 참조

TECHNIQUE NO.33

파츠를 구부려가면서 붙이는 위치를 표시한다

곡선 구간의 붙이는 위치를 실물에 대고 작업하면 더 효율적이고 정확하게 작업할 수 있습니다. 작업대 모서리에 대고 곡선 구간을 구부린 후 끝이 겹치는 위치에 은펜으로 표시합니다. 구부러지는 부분에 따라 수정해도 됩니다.

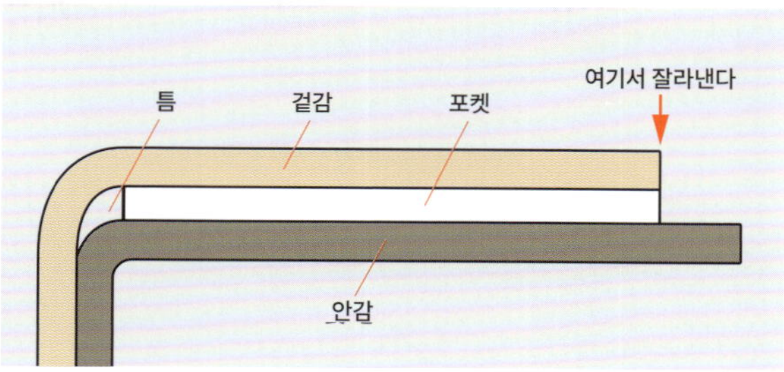

▲ CHECK!

포켓은 겉감과 안감 사이에 끼워서 붙이는데, 완전히 딱 맞게 끼워 넣으면 수납부를 구부릴 때 방해가 됩니다. 그래서 위의 그림처럼 틈을 두고 끼워 넣어 남는 부분은 잘라냅니다.

10

포켓 파츠 높이를 실물에 맞추어 커트한다. 높이를 맞추는 방법은 왼쪽 아래 참조

11

수납부 겉감과 안감을 열어서 안감에만 다이아몬드를 바른다. 그리고 포켓 파츠 내피에도 발라둔다

12 ◀POINT!

09에서 그린 표시에 맞추어 포켓 파츠와 안감을 붙인다. 유리판 등으로 눌러서 확실히 압착한다. 이때 주의점은 포켓은 폭도 수납부보다 크기 때문에 양 사이드가 불거져 나온 위치에 붙인다. 또한 아래 사진에서 포켓 안쪽에 만든 틈을 확인해야 한다

13

여기서 포켓 끝 주변만 안감 여유분을 잘라낸다. 양 사이드는 잘라내지 않는다

14 덮개쪽을 작업한다

이어서 반대쪽을 작업한다. 덮개에 가까운 쪽 선을 따라 바느질하고 실을 잘라낸다

15

09와 동일한 요령으로 수납부를 구부려서 붙이는 위치에 맞추어 선을 그린다

16 ◀POINT!

또한 보강재를 붙이는 위치도 표시선을 그어둔다. 이 책의 패턴에 기재된 위치는 주위 5mm 씩 공간을 두었다

17

패턴의 '도트 다는 위치'를 표시한다. 사용하는 도트 사이즈가 결정되었으면 패턴에 아일렛 공구로 구멍을 뚫어두면 위치가 어긋날 위험이 없다

18

안감의 '보강재 붙이는 위치'도 맞추어 다이아몬드를 바른다. 다음의 'CHECK'에서 바르는 범위를 확인한다

◀CHECK!

이 사진에서 색이 짙은 부분이 다이아몬드를 바른 부분. '바느질 선'과 '보강재 붙이는 위치' 사이의 공간은 바르지 않고 남겨둔다

19

17에서 뚫어둔 구멍에 맞추어 안감 겉면부분에 겉단추(암)와와 안단추(암)을 단다

◀CHECK!

도트의 겉단추를 달면 이런 모양이 된다. 빠지지 않도록 확실히 단다

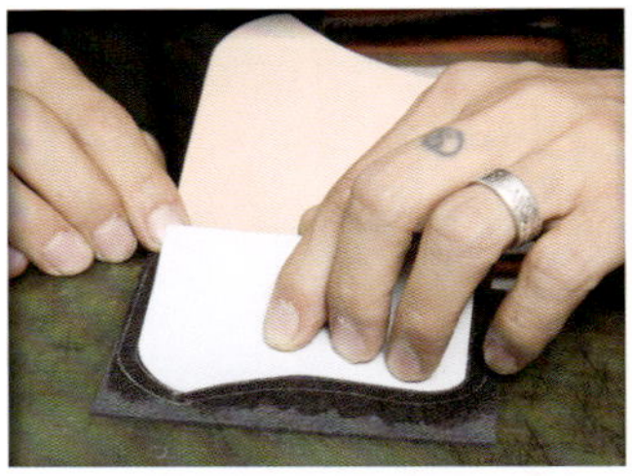

20

보강재 한쪽 면에 다이아몬드를 바르고 표시에 맞추어 붙인다. 보강재쪽 면에서 압착하면 도트 요철이 가죽에 찍히기 때문에 안감 쪽에서 유리판으로 누른다

21 ◀POINT!

수납부 안감은 5mm 정도의 폭으로 테두리만 바른다. 디바이더로 5mm 선을 그어서 접착범위를 표시한다

22

21에서 표시한 선 바깥쪽에 다이아몬드를 발라서 수납부와 안감을 구부려 붙인다. 쇠망치로 두들겨서 확실히 압착한다

23 ◀POINT!

덮개 주위부터 중앙부분의 양사이드까지 여유를 잘라낸다. 포켓 부분 사이드는 아직 잘라내지 않고 놔둔다

24 안단추(수)를 단다

수납부를 세 번 접은 상태로 121페이지의 19에서 단 겉단추(암)을 가볍게 눌러 표시한 후, 자국을 은펜으로 표시한다. 여기가 안단추(수)를 다는 위치. 세 번 접은 상태가 완성품의 형태가 되기 때문에 형태에 주의해서 구부려야 한다

25

표시한 위치에 펀치로 구멍을 뚫고, 도트 공구로 안단추(수)를 단다

◀CHECK!

안단추(수)를 달면 이런 모양이 된다. 빠지지 않도록 확실히 단다

26 **단면 일부를 마감한다**

포켓 입구 단면은 바느질한 후에는 마감할 수 없기 때문에 지금 다듬는다. 포켓쪽과 수납부 2군데. 먼저, 겉과 안 양쪽에서 모서리를 깎는다. 여기서는 효율적으로 작업할 수 있도록 손피할기를 쓰지만 다루기 어렵기 때문에 선호하는 도구를 써도 된다

27

사포로 단면을 다듬는다

TECHNIQUE NO.34

연마할 때는 핸드피스가 효율적

핸드피스로 마감하면 손으로 작업하는 것보다 효율적입니다. 최근 좋은 품질의 제품 가격도 많이 내렸기 때문에 가죽공예용으로 한 개쯤 준비해도 좋습니다. 가죽이 지나치게 깎이는 경우가 있기 때문에 미리 연습을 해둡시다.

28

사포로 다듬은 단면에 염료를 바른다

29

다시 단면마감재를 발라서 확실히 광택을 낸다

30 **포켓을 접합한다**

포켓 양 사이드를 접착하기 위해 긁어낸다. 이때 포켓은 수납부 겉감보다도 폭이 넓어지므로 그 부분을 고려해서 긁어내야 한다. 긁어낸 부분에 다이아몬드를 바른다

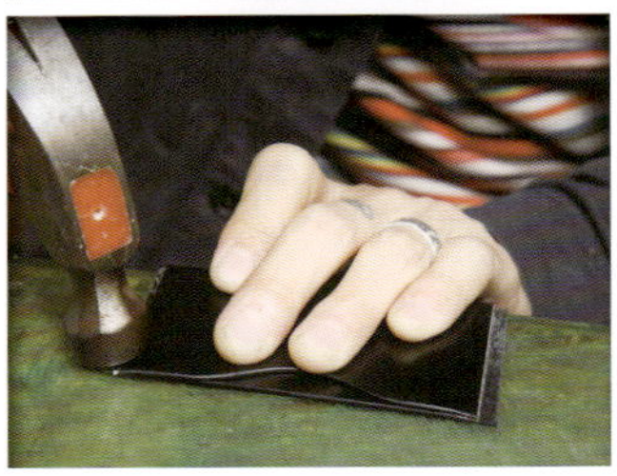

31

구부린 상태로 끝을 정확히 맞추어 붙인다. 쇠망치로 쳐서 확실히 압착한다

32
수납부 겉감 단면에 맞추어 포켓, 안감 양 사이드의 여유를 잘라낸다. 이상으로 수납부 파츠가 완성되었다

◀CHECK!
도트를 잠근 상태로 곡선 구간을 구부려서 형태를 만들어 둔다

33 옆판을 마감한다
옆판은 곡선 부분 단면을 마감해둔다. 옆판의 밑준비는 이것으로 종료

옆판을 붙이고 바느질해서 마감한다

수납부에 바느질 구멍을 뚫고 옆판을 붙인 뒤 구멍을 관통합니다. 바느질하고 마지막에 단면을 마감하면 완성됩니다

01
바느질선은 포켓 입구 모서리에서 시작해서 덮개 부분까지 한줄로 뚫는다. 목타로 구멍을 뚫을 때는 아래에 고무판을 대고 곡선 구간이 늘어나지 않도록 주의한다(사진 아래). 덮개 곡선부분은 한 날 또는 두 날 목타로 뚫는 것이 좋다

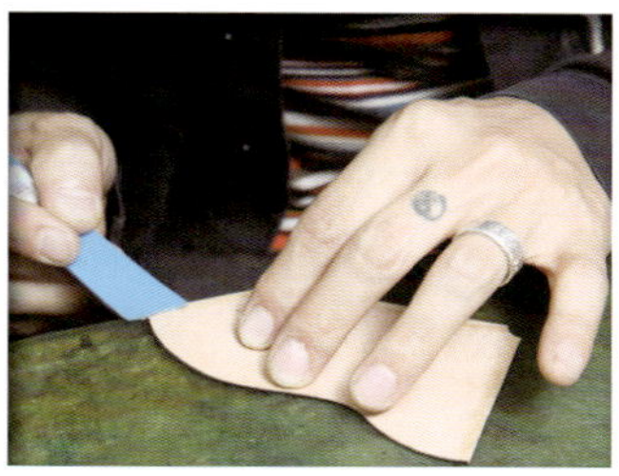

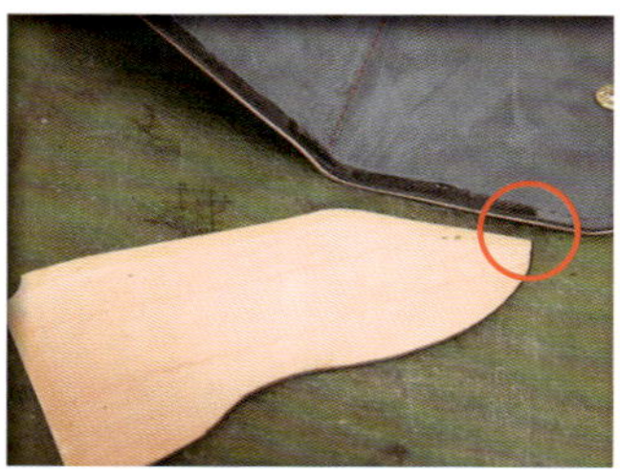

02 ◀POINT!
옆판에서 앞서 마감한 단면 외의 부분에 3mm 폭으로 다이아몬드를 바른다. 또한 수납부 안감의 옆판을 붙이는 범위에도 바른다. 실제 옆판을 옆에 놔두고 접착 구간을 확인하면서 바른다. 또한 이때 옆판 끝이 바느질 구멍에 닿도록 한다(사진의 붉은 원). 참고로 접착제를 바르기 전에 거칠게 긁어낼 필요는 없다

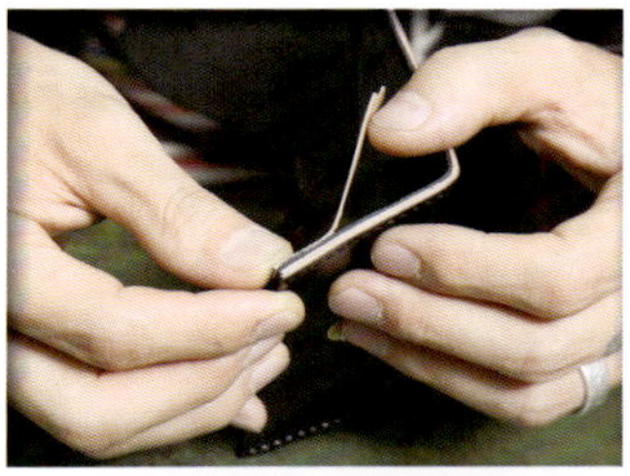

03

수납부에 옆판을 붙인다. 먼저 포켓 입구 끝을 맞추고 거기서 순차적으로 단면을 붙여나간다. 반대쪽 끝이 **02**에서 다이아몬드를 바른 범위에 맞도록 옆판을 구부려가며 작업한다

04 ◀POINT!

마름송곳으로 바느질구멍을 뚫고 옆판까지 관통하면서 바느질한다. 사진의 붉은 원 부분의 코너는 관통할 때 찢어지지 않도록 조심해야 한다

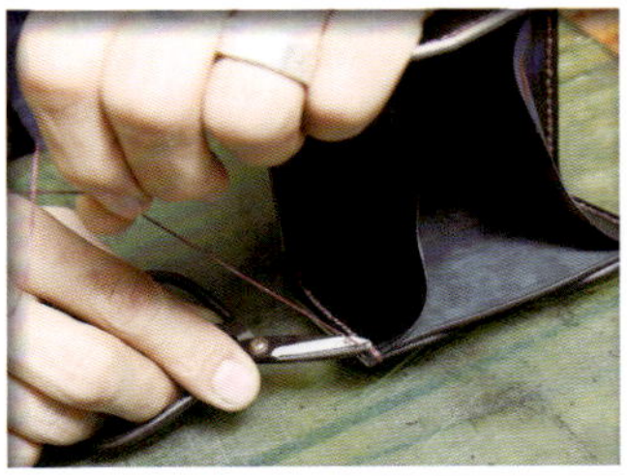

05

바느질 시작과 끝(포켓 입구)은 끝에 실을 이중으로 감는다. 실을 잘라낸 다음에는 바느질 구멍 안으로 실을 넣고 두들겨서 실이 딱 붙게 해야 하는데, 수납부가 구부러져 있어 평평한 작업대에서는 할 수 없으므로 적당한 곳을 찾아서 한다. 적당한 곳이 없으면 헤라 등을 받치고 두드린다

06

단면을 다듬는다. 먼저 구두칼 등으로 단면을 잘라내서 단차를 평평하게 만든다. 대패를 써도 좋다

07

비벨러, 사포, 채색 순으로 단면을 마감하고 단면마감재와 수세미로 다듬는다. 123페이지 **26~29**와 같은 순서

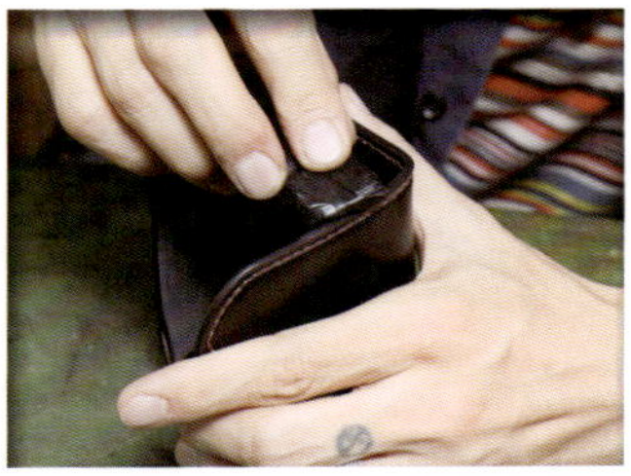

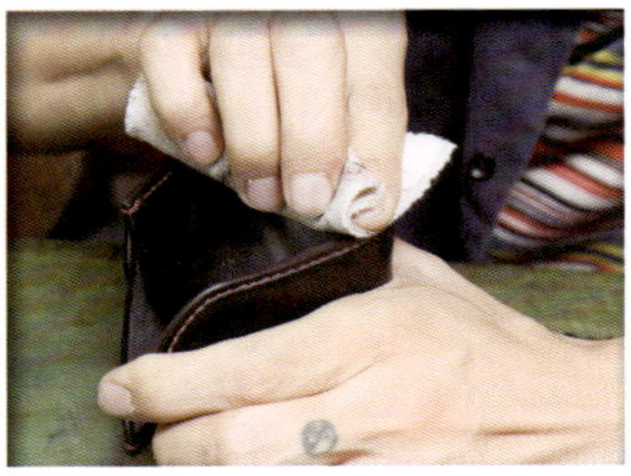

08

마지막으로 단면 전체에 왁스를 발라 천으로 잘 다듬는다. 왁스가 표면을 코팅해주기 때문에 광택이 생기고 보존 효과가 생긴다. 이상으로 동전지갑 완성

TAKU

이토 다쿠 씨

소재 자체가 주는 느낌을 또렷하게 나타내는 공방

교토가 자랑하는 명소, 가쓰라강에 놓인 도게쓰교에 가까운 TAKU 숍 공방. 한 발 들이면 관광지의 왁자지껄함과 다른, 어디인지 모를 땅에 다다른 듯하며, 친숙함이 느껴지는 신비한 감상에 젖어듭니다. 이토씨가 가죽으로 만든 수많은 작품, 인테리어, 바닥, 벽, 작품을 늘어놓은 전시대까지, 그가 추구해 온 지향점이 느껴집니다. 요소요소가 표현하는 많은 정서가 교차하면서 독창성과 전통성, 정과 동, 친밀감과 거리감, 많은 감정을 느낄 수 있는 센서티브한 공간이 되었습니다. 소재의 다양함을 느낄 수 있는 TAKU의 가죽제품을 손으로 만지고, 눈으로 보고, 마음으로 느끼며 즐겨봅시다.

SHOP DATA
가죽공방 TAKU
교토부 교토시 우쿄구 게이호쿠 시타마치 가마구치 다니야마다 14-17
Tel/Fax 075-853-0836
Close : 부정기
URL http://www.k-taku.com/
e-mail leather@k-taku.com

PART VII

HORSESHOE CHANGE PURSE

셀 수 없을 정도로 많은 장인이
긴 세월에 걸쳐 완성한 자연미.
소품의 왕이라 불리는 말굽형 동전지갑에는
어른의 소품에 어울리는
언제까지나 변하지 않는 빛이 있습니다.
고급스러운 소품을 만드는 기쁨을 누려보십시오.

말굽형 동전지갑 만들기

HORSESHOE CHANGE PURSE

제작 : 아카시 세이호 (세이호 백 공방)
촬영 : 시미즈 료타로

[작품 포인트]

① '박스스티치'로 작업한다

전체적으로 '박스스티치'(비스듬히 바느질하는 방법)로 작업합니다. 한쪽 가죽의 단면을 다른 쪽 가죽의 내피(혹은 은면) 모서리에 대고 각을 살려서 바느질하는 손바느질 특유의 방법입니다(박스스티치가 가능한 미싱도 있습니다). 상대적으로 난이도가 높고 요령이 필요하므로 공정 내에서 자세히 설명하겠습니다.

② 지그(※)를 사용해서 형태를 만든다

여러 개의 파츠가 입체적으로 조립되어서 절묘한 밸런스를 만들어내는 아이템이라서 붙이는 단계부터 정확하게 형태를 만들어야 합니다. 또한 바느질해서 확실히 고정할 때까지 접합부가 안정되지 않습니다. 여기서 사진처럼 '지그'를 만들어서 이것을 가이드로 삼아 작업을 행하면 파츠를 안정적으로 조립할 수 있습니다. 물론 없어도 작업할 수 있지만 지그가 있냐없냐에 따라 완성도가 크게 좌우됩니다.

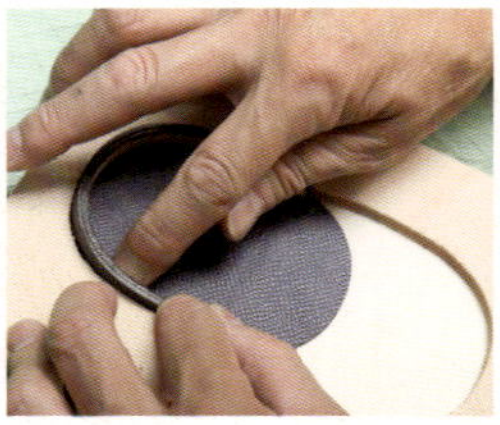

※ 지그(Jig)는 가공작업을 할 때 작품이나 공구의 위치를 고정하는 것으로 적절한 형태나 각도를 만들 수 있게 돕는 도구입니다.

③ 여러 차례 만들어보면서 최고의 작업을 추구한다

앞서 소개한 것처럼 각 부분의 규격이나 각도, 곡선의 형태 등이 밀리미터보다 작은 단위로 치수를 재어 균형을 잡아 완성되는 말굽형 동전지갑입니다. 특히 개폐부에 잠금장치가 없고 닫았을 때 마찰로 덮개가 고정되는 형태라서 밸런스가 망가지면 열리고 닫힐 때 덜그럭거리게 됩니다. 그래서 사용하는 가죽의 종류나 두께에 따라 각 부분을 정확하게 조립해야 합니다. 한 번 만에 완성한다고 생각하지 말고 여러 차례 반복하면서 가죽 종류나 피할 가감, 붙이는 각도, 붙이는 위치 등을 연구하고 완성도를 높입시다. 절묘한 마찰로 몸통이 덮개 가운데 쏙 들어가게 되면 최고의 감동을 맛보게 될 것입니다. 또한 실을 꿰는 방법이나 파츠 조립 방법 등, 세부적인 작업은 다양한 방법이 있습니다. 여러 작품을 관찰하고 조금이라도 좋은 방법을 찾아 스스로 발전해 나갑시다.

[사용하는 가죽과 재료]

일반적으로 코도반으로 만들지만 여기서는 크롬 가죽 중 비교적 텐션이 강하고 만든 뒤 형태가 잘 보존되는 편인 박스카프를 사용했습니다. 박스카프는 두 방향으로 가공해서 붙여서 잔주름이 있는 것을 사용합니다만 최근엔 부드러운 타입도 나옵니다. 고급스러운 백이나 가방을 만들 때 선호하고 모 유명 브랜드가 자주 사용하는 것으로 알려져 있습니다. 또한 텐션 있으면서 탄닌 무두질한 소가죽이어도 괜찮습니다. 보강재는 탄닌 스플릿 가죽을 사용합니다. 두께는 '덮개옆겉감'이 0.8mm 정도, '앞수납부, 앞수납부 덮개'가 1.2mm 정도, 그 외가 1.6~1.8mm, 보강재는 2~3mm 로 재작합니다. 다만 이것은 참고용이고 각 부분의 두께를 적당히 조절하면서 만듭니다. 피할기가 없는 경우는 부분 피할해서 접합하는 것도 연구합시다.

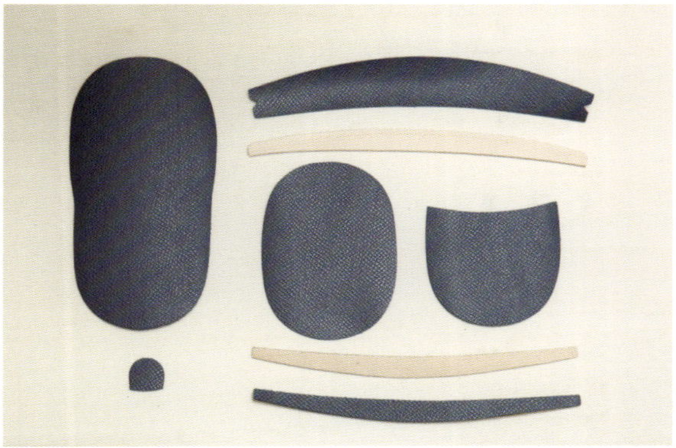

[사용하는 도구]

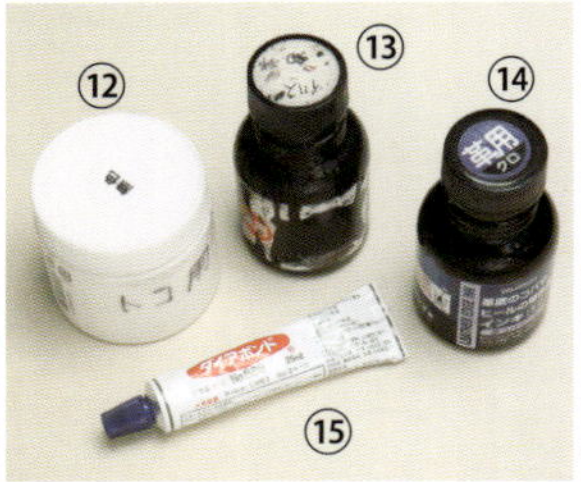

① 대나무 꼬챙이 (접착제 바를 때 사용합니다. 사용하기 편한 도구로 대체해도 됩니다) **② 사포** **③ 유리판** (스플릿 가죽을 쓸 때 사용합니다) **④ 나무망치** **⑤⑥ 구두칼** (재단용, 부분 피할용으로 사용합니다) **⑦ 브러시** (접착제용으로 판매하는 브러시지만 스플릿 처리제를 바르는데 사용합니다. 헤라 등으로도 사용할 수 있습니다) **⑧ 은펜** (선 긋는 용도. 탄닌 가죽을 사용하는 경우 원형송곳 등을 사용합니다) **⑨ 목타** **⑩ 마름송곳** (접합부분 바느질의 핵심이 되는 도구. 잘 손질해두어야 합니다) **⑪ 롤러** **⑫ 단면마감재** (내피를 연마할 때 처리제로 사용합니다. 이번에는 크롬 가죽을 사용하기 때문에 단면에 안료 타입의 마감재를 바릅니다) **⑬ 이리스** (IRIS. 안료 타입의 단면마감재. 탄닌 가죽을 사용할 때는 필요 없습니다) **⑭ 단면 채료** (색이 들어간 단면마감재. 엣지코트) **⑮ 다이아몬드** (비교적 강력한 합성본드)

※ 주요 도구, 그 중에서도 특징적인 도구만 설명하였습니다. 기본적인 도구는 각자 판단하여 준비해 주세요.

파츠를 잘라서 내피를 다듬는다

모든 파츠를 패턴 그대로 잘라내고 본체 앞수납부 겉감, 앞수납부 안감은 내피를 처리제로 다듬습니다.

01

패턴 윤곽을 가죽에 그리고 잘라낸다. 미세하게 어긋나도 틀어질 수 있으므로 정확히 작업한다

02

본체, 앞수납부 겉감, 앞수납부 내피는 눈먹임(요철을 평평하게 하는 작업)한다. 브러시 등으로 내피 처리제(단면마감재와 동일)를 에 바르고 유리판으로 확실히 문질러 마감한다

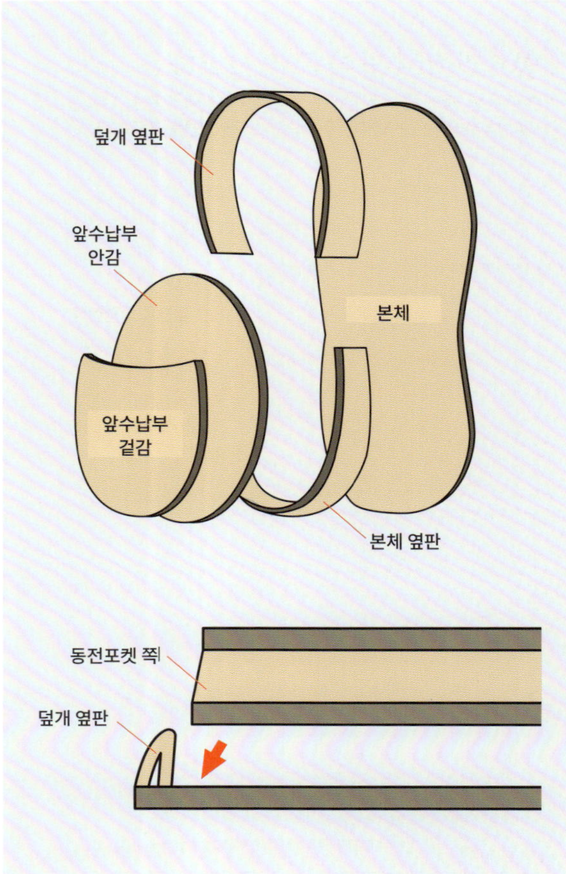

▲ CHECK!

'앞수납부 겉감, 안감'은 내피를 맞춰서 포켓 형태를 만들고 '본체 옆판'을 끼워서 '본체'의 뒷수납부쪽에 붙인다. 이것이 메인 동전포켓이 된다. 또한 본체덮개쪽은 '덮개용 옆판'을 붙인다. 본체를 곡선으로 구부릴 때는 덮개 옆판이 외곽선의 역할을 해서 동전포켓을 고정하고 맞추는 역할을 한다. 또한 외곽선과 동전포켓이 닿는 부분은 살짝 내민 형태가 되어서 닫았을 때 바깥으로 삐져나가지 않게 해준다

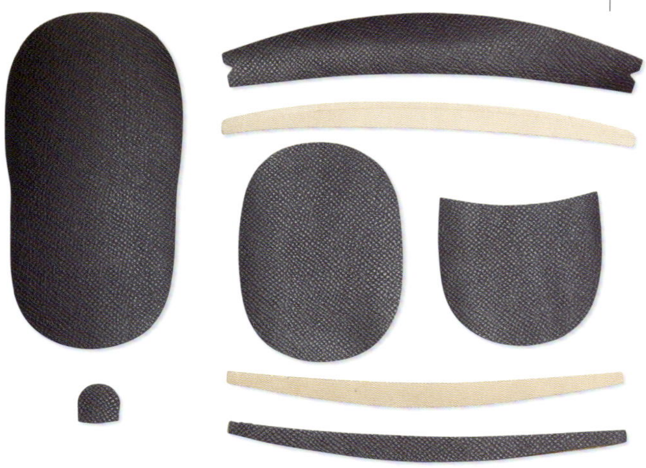

옆판과 앞수납부를 작업한다

본체 옆판, 덮개 옆판은 겉감과 보강재를 붙여서 단면을 다듬습니다. 앞수납부는 안팎 주변을 붙여서 포켓 모양을 만듭니다.

01 ◀POINT!

덮개용 옆판을 작업한다

'덮개용 옆판 보강재' 한쪽 면은 커브 바깥쪽을, 곡선에 맞춰 5~6mm 폭으로 피할하고, 피할 폭이 1mm 정도 두께가 되도록 한다

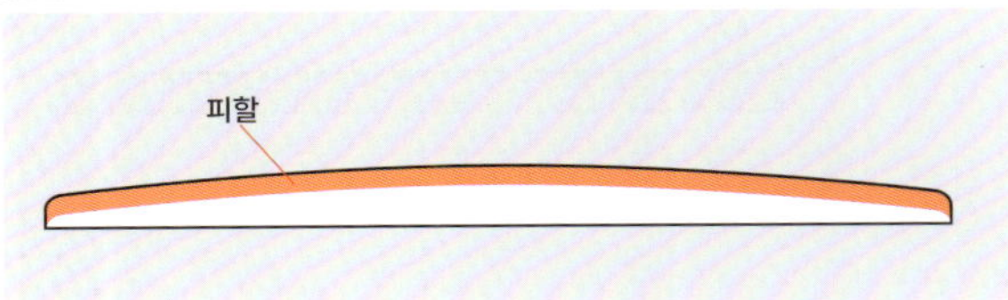

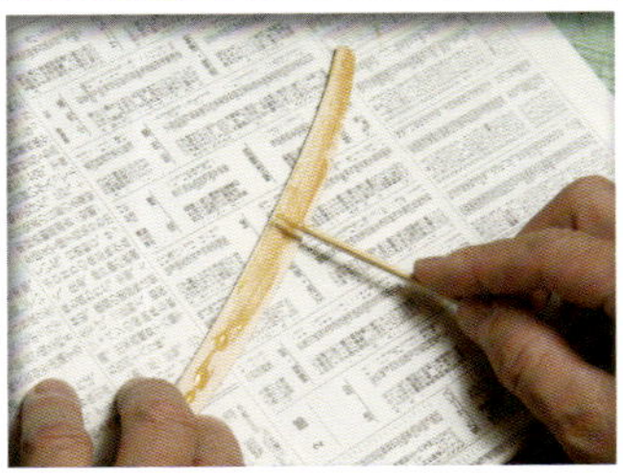

02

'덮개용 옆판 보강재'에 '덮개용 옆판 겉감'을 붙인다. 옆판 겉감은 내피 전면에, 옆판 보강재는 피할하지 않은 면에 본드를 도포한다

03

옆판 보강재의 다이아몬드를 바른 쪽 면을, 옆판 겉감 커브 앞쪽에 붙인다. 또한 옆판 보강재의 피할한 면에도 본드를 바른다

04

옆판 겉감 곡선 구간을 작업한다. 가운데 빈 공간이 생기지 않도록 확실히 옆판 보강재에 붙인다. 반대쪽 끝도 동일하게 붙인다

◀CHECK!

이때 한가운데는 안쪽을 구부려가면서 붙이고 완성 시 커브 형태가 되도록 모양을 잡아간다

05

롤러로 양면을 확실히 압착. 순서대로 붙이면 옆판 보강재의 피할한 면이 옆판이 그리는 곡선 바깥쪽을 향하는 형태가 되어야 한다

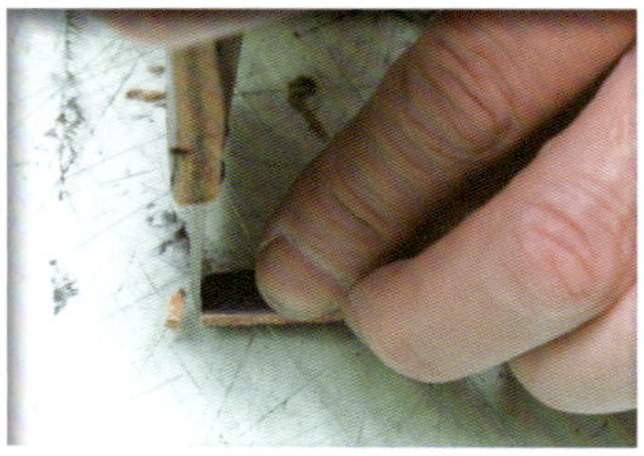

06

옆판 보강재가 양끝으로 튀어 나오면 옆판 겉감 끝에 맞추어 잘라낸다. 본체 곡선은 아래 사진처럼 만든다

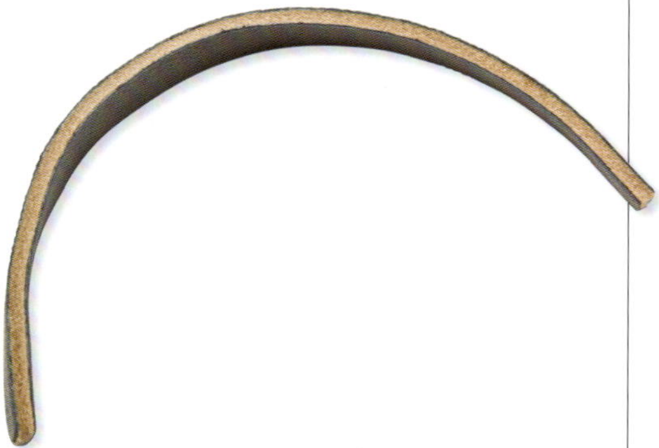

07

계속해서 단면을 작업한다. 말굽을 맞추어 바느질하면 안쪽에 감추어지지만 틈새에서 살짝 보이기 때문에 잘 작업하면 완성도가 올라간다. 먼저 도료를 바르고 사포로 깔끔하게 연마한다

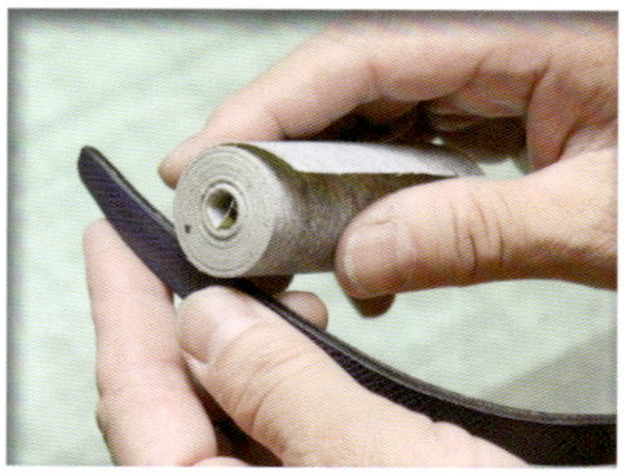

08

마지막으로 안료 타입의 단면 마감재를 바른다. 마르면 덮개용 옆판 종료

09 앞수납부를 마감한다

수납부의 안팎을 겹쳐서 끝의 위치에 표시한다. 표시한 부분보다 아래가 접착부위가 된다

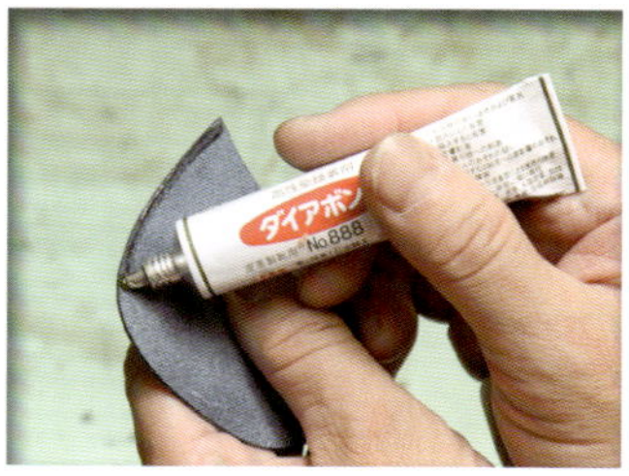

10

2~3mm 폭으로 다이아몬드를 바르고 **09**의 표시에 맞추어 붙인다. 사진에는 튜브로 바로 바르지만 익숙한 장인이 아닌 경우 헤라로 정확하게 바른다

11

롤러로 확실히 압착하면 앞수납부 종료. 이 수납부 작은 포켓은 지폐 넣는 용도로 사용할 수 있다

12 본체옆판을 마감한다

'본체옆판'과 '본체옆판 보강재'는 같은 형태로 잘라낸다. 다이아몬드로 옆판 보강재 한쪽 면에 겉감을 붙이고 확실히 압착. 단면도 작업한다

앞수납부와 본체옆판을 바느질한다

앞수납부, 본체옆판을 조립하고, 본체에 붙여서 동전포켓을 만듭니다. 박스스티치의 포인트에 주의해서 작업합시다.

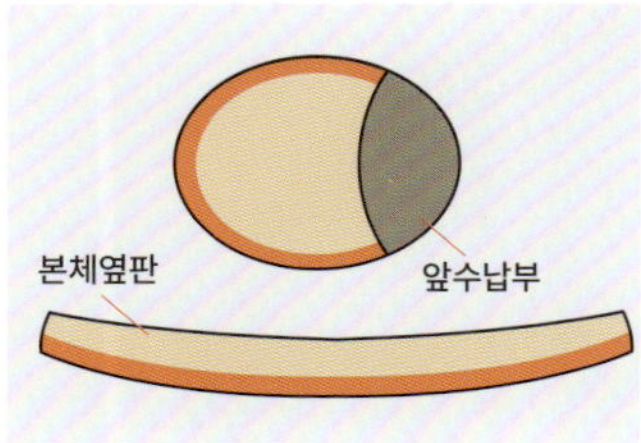

◀CHECK!

먼저 앞수납부의 덮개 아래와 본체옆판의 커브 안쪽(그림 붉은 표시 부분)을 맞춘다

01 앞수납부의 바느질 구멍을 뚫는다

박스스티치 바느질은 각 파츠에 따로 구멍을 뚫고 붙이기 때문에 양 파츠의 구멍 개수를 맞춰야 한다. 먼저 앞수납부의 구멍수를 세어보고, 2mm 폭의 바느질선을 그은 후 사용하는 목타를 대어가며 단면 끝부터 끝까지 구멍이 몇 개인지 센다

02

이어서 본체옆판쪽의 바느질 부분(커브 바깥쪽)도 같은 요령으로 센다. 패턴 위에 길이를 표시해 놓은 경우에는 패턴대로 맞춘다

◀ CHECK!

만약 옆판 쪽이 좀 길면 끝을 잘라내서 맞춘다. 짧아서 바느질 구멍 개수가 맞지 않는다면, 바느질 할 때 다른 구멍에 걸어서 꿰매면 된다.

03

구멍수를 맞춘 상태에서 구멍 위치가 정해지면 실제 구멍을 뚫는다. 이때 옆판에 뚫는 구멍은 관통하지 않는다. 자세히는 아래 'TECHNIQUE No.25'를 참고한다

TECHNIQUE NO.35

박스스티치 시 옆판(아래) 구멍을 관통하지 않는 이유

박스스티치용 구멍을 뚫을 때 단면이 감춰지는 쪽 가죽의 바느질 구멍은 관통하지 않습니다. 그 이유는 단면 쪽에서 구멍을 관통하기 때문입니다. 140페이지의 단면도에서 알 수 있듯, 관통하면 안감 쪽에 불필요한 구멍이 생깁니다. 목타를 칠 때 힘을 가감해서 가죽 두께의 절반 정도만 구멍을 뚫습니다.

04 본체쪽에 바느질 구멍을 뚫는다

계속해서 같은 요령을 본체에도 구멍을 뚫는다. 본체옆판 커브 안쪽에 바느질 선을 긋고 목타를 눌러서 구멍 개수를 센다. 이때 끝쪽은 폭이 좁아지기 때문에 3날 목타를 사용하는 것이 좋다

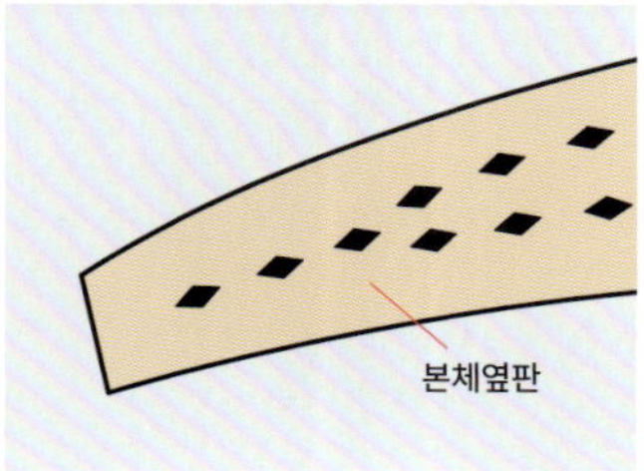

05

본체 패턴에 표시해 놓은 옆판 위치 표시를 본체에 옮겨서 뒤 수납부쪽 바느질 구멍을 센다. 이때 **04**에서 세어놓은 구멍수와 맞추면 된다. 또한 표시한 위치는 두께도 다르고 재단도 어긋날 수 있기 때문에 신중하게 작업하고 치수를 정확히 체크하면서 진행한다

06

구멍수와 위치를 맞추면 실제로 바느질 구멍을 뚫는다. 역시 옆판 구멍은 끝까지 관통하지 않도록 주의한다

07

여기서 본체 단면을 마감해 둔다

08 앞수납부와 옆판 바느질

앞수납부는 바느질 부분 안쪽, 옆판은 단면에 다이아몬드를 바른다. 이때 두껍게 바르면 밖으로 새어나오면서 마름송곳이나 바늘이 통과하기 어렵기 때문에 얇게 바른다

09 ◀POINT!

먼저 옆판 끝만 시접에 맞추어 붙인다. 옆판을 붙이거나 길이를 조절할 때는 보통 양 끝과 센터를 기준으로 삼는다. 한쪽부터 작업하면 전체 구조가 일그러질 수 있다

TECHNIQUE No.36

말굽형 옆판을 붙일 때 도움이 되는 지그

옆판을 붙일 때 입체적인 커브에 딱 맞아야 하지만 손으로 붙이면 불안정하기 때문에 커브가 무너질 수 있습니다. 그래서 본체 형태에 두꺼운 가죽을 붙여서 평평하게 붙인 전용 '지그'를 준비합시다(사진 위).

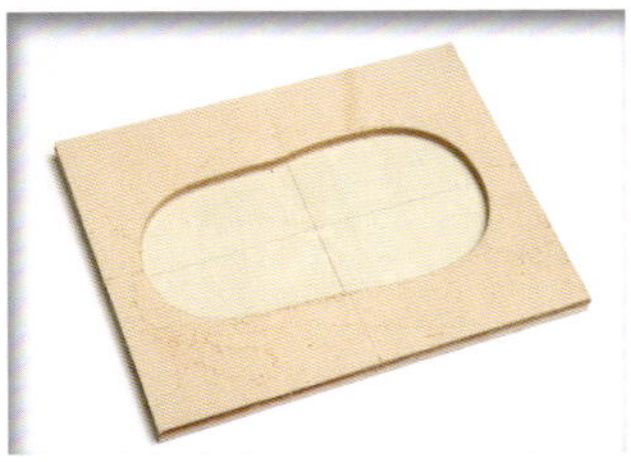

10

계속해서 중앙 부분을 단면을 세워 붙인다. 안정적으로 작업하기 위한 지그는 왼쪽 하단의 'TECHNIQUE No.36'에 소개했다

11

마름송곳으로 구멍을 뚫는다. 안정적으로 작업하기 위한 지그는 'TECHNIQUE No.37'에 소개했다. 구멍 뚫는데 요령이 필요하기 때문에 다음 페이지 'TECHNIQUE No.38'도 참고한다

TECHNIQUE No.37

말굽형 박스스티치 바느질용 거꾸로 만든 지그

붙인 옆판이 바느질 구멍 관통 작업이나 박스 스티치 바느질을 할 때 망가져버리면 안 되기 때문에 No.36에서 소개한 지그와 반대로 옆판을 안쪽에서 눌러주는 지그가 필요합니다. 만드는 방법은 ①여러 장의 가죽을 붙여서 옆판 정도의 폭으로 만들고, '앞수납부'와 같은 형태로 잘라냅니다(사진 A). ②단면을 옆판 두께 만큼 잘라냅니다(사진 B). ③잘라낸 부분은 사포로 다듬습니다. 옆판을 붙이는 수납부 안쪽에 끼우면 이후 작업을 안정적으로 진행할 수 있습니다.

A

B

◀ CHECK!
앞에서 소개한 지그를 쓰면 포니도 자유롭게 각도를 바꿀 수 있다

TECHNIQUE NO.38

박스스티치 바느질용 구멍을 뚫을 때의 포인트

마름송곳으로 구멍을 관통할 때는 표면에 보이는 구멍과 구멍을 연결하는 것이 아니라, 구멍 안쪽과 구멍 안쪽을 연결하듯 뚫습니다. 옆판의 구멍은 두께가 절반 정도라서 단면 중앙을 통과할 수 있도록 마름송곳을 꽂습니다.

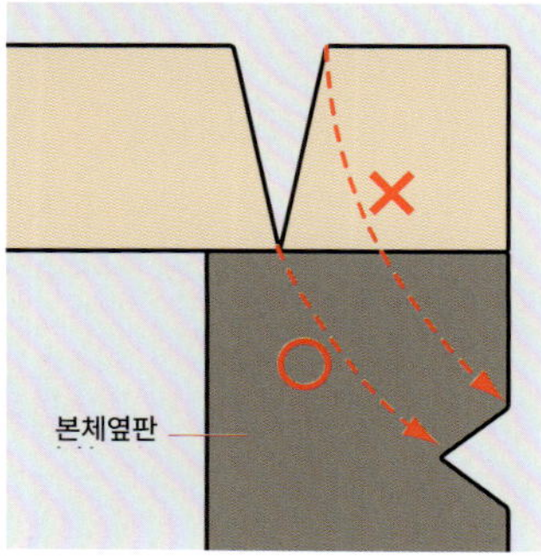

TECHNIQUE NO.39

마름송곳으로 바느질 구멍 잘 뚫는 테크닉

박스스티치용 구멍을 뚫을 때는 잘 드는 마름송곳을 준비합시다. 잘 들지 않으면 뚫린 부분에 무리한 힘이 가해져서 찢어지거나 구멍이 커지거나 불필요한 구멍이 생기게 됩니다. 마름송곳 사용시 테크닉으로, 실리콘오일을 천에 묻혀두는 방법이 있습니다. 그렇게 하면 접착제가 마름송곳에 붙지 않게 됩니다. 실리콘오일은 미싱용 도구로 수예용품점에서 구할 수 있습니다.

12
박스스티치 바느질로 연결한다. 구멍을 뚫어가면서 바느질하는 것이 좋다

TECHNIQUE NO.40

박스스티치로 바느질할 때의 포인트

단면이 보이는 쪽 가죽(이번 작업에서는 앞수납부)을 겉에 놓고 작업하기 때문에 포니에 고정할 때는 그쪽을 작업하는 손에 향하도록 놓습니다. 바늘을 끼울 때는 마름송곳으로 관통한 구멍이 굽어 있기 때문에 관통 구멍을 깊게 옆판까지 뚫고, 끝이 조금 구멍에서 나오면 그 바늘을 가이드로 해서 다른 쪽 바늘을 찌릅니다(사진 위). 이렇게 해서 겉면 쪽 바늘 때문에 구멍이 직선으로 유지되어 다른 쪽을 편하게 바느질할 수 있습니다. 그 다음에는 통상적인 방법으로 바느질하면 됩니다. 당기는 힘을 일정하게 해서 바느질 땀이 평평해지도록 주의합시다.

◀ CHECK!
유니버설 바이스(앵글을 자유롭게 할 수 있는 바이스)를 이용하면 작업이 쉬워진다. 바이스는 가죽을 붙여 상처를 방지한다.

13
마지막에는 실을 안쪽으로 내어 마감한다. 또한 바느질 시작과 끝에는 이중으로 바느질하는 게 좋다

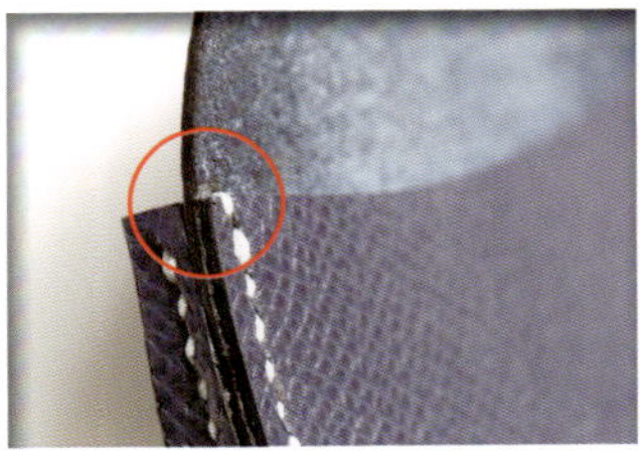

◀ **CHECK!**

사진처럼 옆판 바깥에 실을 걸면 단단하게 보강된다. 이 작업을 할 때는 앞수납부(본체) 쪽에 구멍을 한 개 더 뚫는다

14 본체에 목타를 친다

본체와 옆판을 조립하기 전에 본체 덮개 부분에도 바느질 구멍을 뚫어야 한다. 앞수납부와 옆판의 구멍을 뚫을 때와 마찬가지로 구멍개수를 맞추어 뚫는다. 덮개용 옆판도 가죽 두께의 절반 정도로만 구멍을 뚫는다

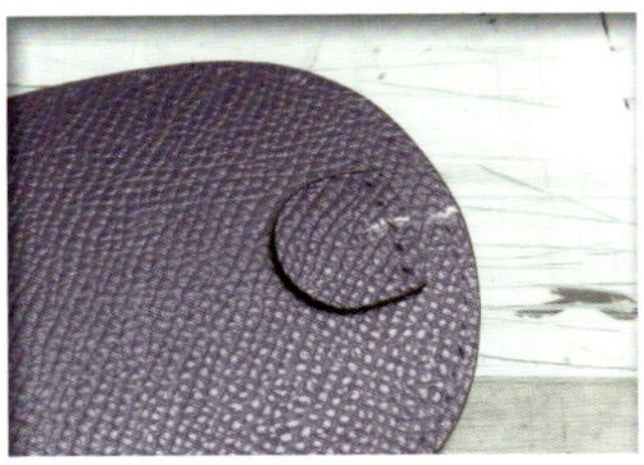

15 본체와 옆판 바느질

본체의 뒷수납부에는 손잡이를 한꺼번에 바느질한다. 양쪽 센터에 표시를 해둔다

16

15에서 표시해둔 점을 기본으로 손잡이에도 본체와 동일한 위치에 구멍을 뚫는다. 다만 덮개를 자르지 않도록 끝의 구멍은 잘 조절한다

17

접착면에 다이아몬드를 바르고 본체 위치에 맞추어 옆판을 붙인다. 옆판 센터도 표시를 해두면 조립하며 센터를 맞출 때 어긋나지 않는다

18

앞과 동일한 요령으로 본체와 옆판의 구멍을 마름송곳으로 관통한다

◀ **CHECK!**

이때, 끝의 모아지는 세 개의 구멍은 실이 끊어지지 않도록 원형송곳으로 한 번에 뚫는다

TECHNIQUE NO.41

동전포켓 바느질 용 지그 어레인지

139 페이지의 'TECHNIQUE No.37'에서 만든 지그를 그대로 넣어 앞수납부와 뒷수납부를 고정하면 뒤에서 빼낼 수 없기 때문에, 어렌인지해서 동전포켓을 바느질할 때 사용할 수 있는 지그를 만듭니다. 방법은, 제일 위의 사진처럼, 안쪽을 V자로 자릅니다. 이렇게 하면 지그가 자유롭게 움직일 수 있게 되어 자유롭게 넣고 뺄 수 있습니다. 넣을 때는 삼각형을 먼저 넣고 그 다음에 남은 지그를 끼웁니다.

19

앞서 설명한 방식과 동일한 요령으로 본체와 옆판을 바느질한다. 이때 일반적인 방법과는 반대로 고정해서 바느질한다

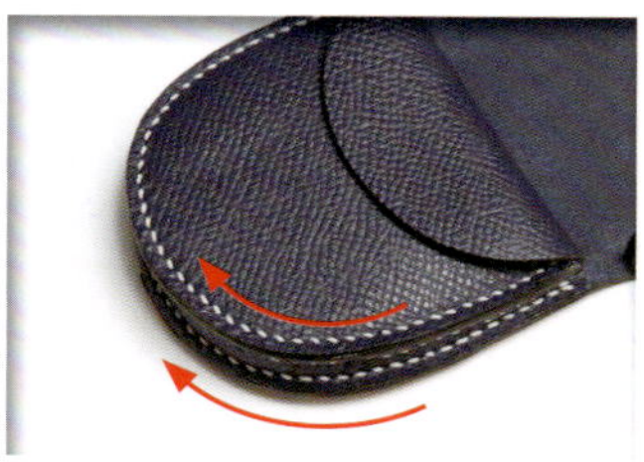

◀CHECK!

일반적인 진행방향으로 고정하면 바느질 진행 방향이 위와는 맞지 않기 때문에 앞수납부와 뒷수납부가 안 맞게 된다. 바느질 방향을 맞추기 위해 반대로 작업한다

20 ◀POINT!

손잡이 위치까지 바느질을 진행하면 접착범위에 다이아몬드를 발라서 동시에 붙여서 맞춘다

21

마지막까지 바느질 한 후 가운데의 지그를 빼고 실을 마감한다. 이것으로 앞수납부와 뒷수납부, 그리고 옆판을 고정해서 동전포켓이 완성된다

바깥 테두리를 붙여서 마감한다

마지막으로 본체 덮개에 덮개용 옆판을 붙여서 완성합니다. 본체쪽 옆판과 동일하게 박스스티치를 사용해서 바느질합니다.

01

본체 바느질 하는 부분의 내피, 덮개용 옆판 단면에 다이아몬드를 바른다

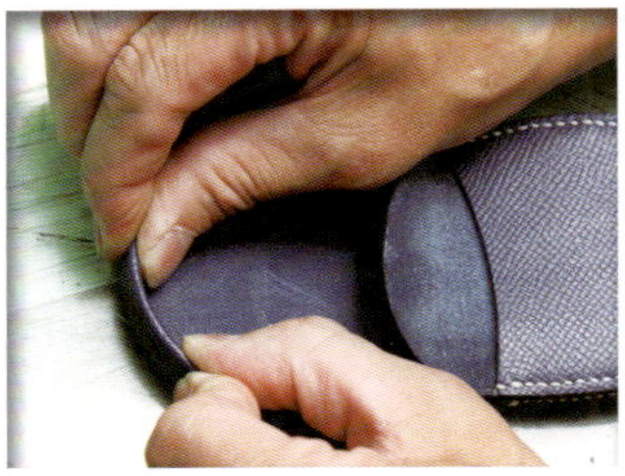

02

먼저 옆판 양 끝을 맞춰서 붙인 다음 중앙부분도 단면에 맞춰 정확하게 붙인다. 덮개용 옆판의 곡선이 뒤틀리지 않도록 주의한다

◀CHECK!

이 작업에도 139 페이지의 'Technic No.36'에 소개된 지그를 사용해서 안정적으로 붙일 수 있다

03

동전포켓과 같은 요령으로 박스스티치 하고, 실을 마감하면 완성

SHOP DATA
가죽공방 Ido' s Blanco(세이호 백 공방)
오사카시 스미노에구 난코키타 2-1-10 오즈 동 남관 2층
Tel/Fax 06-6690-0208
Open 11:00-20:00
휴일 연중무휴
URL http://www.bag-shokunin.com/
e-mail info@bag-shokunin.com

끊임없이 지혜와 기술을 추구하는 탐구심 장인의 전당은 오늘도 새로운 감성을 추구한다

가죽, 아니 물건을 만드는 것에 대한 도구와 소재로 꽉 차 있는 세이호 백 공방. 여기는 아무리 두꺼운 책에서도 알기 어려운 장인의 지혜와 감성이 쌓이고 쌓인 기술의 전당입니다. 게다가 남녀노소를 막론한 기술자들, 미래의 예비 기술자들이 모여 있어 현재진행형으로 새로운 감성을 도입하며 발전하고 있습니다. 제작자, 디자이너, 수선장인, 지도자를 겸하고 있는 아카시씨는 '장인은 60세 넘어서도 아직 배울 것이 많다'라고 말합니다. 이 탐구심이 오늘도 유수의 가죽 제품을 만들어내는 원동력일 것입니다.

아카시 세이호 씨

SEIHOU BAG

협력·가죽 제공 : 교신 엘르
촬영 : 세키네 오사무

가죽 이야기

프로가 알려주는 아름다운 가죽, 개성적인 가죽, 특이한 가죽 이야기.
또한 어른의 가죽공예에 맞추어 엄선한 가죽을 소개합니다.

TOPIC 1 유러피안 레더가 선호되는 이유

식용 고기의 부산물인 가죽은 무두질을 고려하지 않고 않고 가장 간단한 방법인 '등가르기'로 잘라냅니다. 소위 말하는 '반으로 자른' 상태입니다. 여기에 비해 이탈리아, 독일, 영국, 벨기에로 대표되는 유러피안 레더는 식용가공 시점부터 가죽제품을 만들 것을 고려해서 '더블숄더(등)', '더블벗(엉덩이)', '벨리'로 잘라냅니다. 같은 특징을 가진 부위를 크게(더블로) 잘라내기 때문에 낭비 없이 가죽을 자를 수 있습니다. 이것만으로도 가죽을 소중하게 취급한다고 말할 수 있습니다.

더블벗은 결이 작고 크게 파츠를 잘라낼 수 있기 때문에 가죽구두, 벨트 등 큰 아이템을 만들 수 있습니다. 숄더는 운동량이 많아 상처가 많고, 독특한 주름(머리부터 등에 걸쳐 생기는 주름)도 있기 때문에 파츠를 많이 잘라내는 소품에 적합합니다. 다만 이 주름은 가죽 본래의 자연스러운 풍미를 느끼게 해주어서 최근에는 일부러 보이게 하는 경우도 많습니다.

또한 유럽에는 오래된 브랜드가 많고 일본에 들어오는 고급가죽제품에는 고품질 유럽피안 레더가 사용되는 경우가 많습니다. 그래서 유러피안 레더가 고급 가죽의 대명사가 된 이유입니다.

등가르기

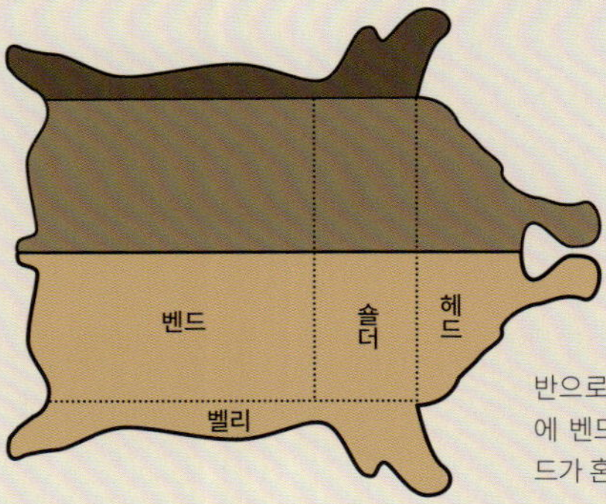

반으로 자르면 한 장 안에 벤드, 숄더, 벨리, 헤드가 혼재한다

유럽식 자르기

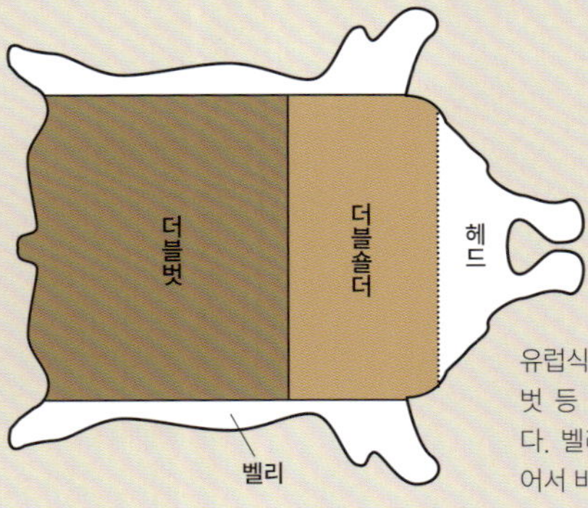

유럽식으로 자르면 숄더, 벗 등 부위별로 잘라낸다. 벨리는 질감이 거칠어서 비교적 싸다.

투스카나(숄더)

소위 말하는 '이탈리안 숄더 레더'. 소품에서 선호되는 가죽의 하나. 오일을 많이 머금어서 촉촉하고 풍부함 섬유질과 고급스러운 잔주름이 특징이다. 두께는 1.6mm 정도. 컬러 바리에이션은 블랙, 브라운, 초콜릿

불가노(숄더)

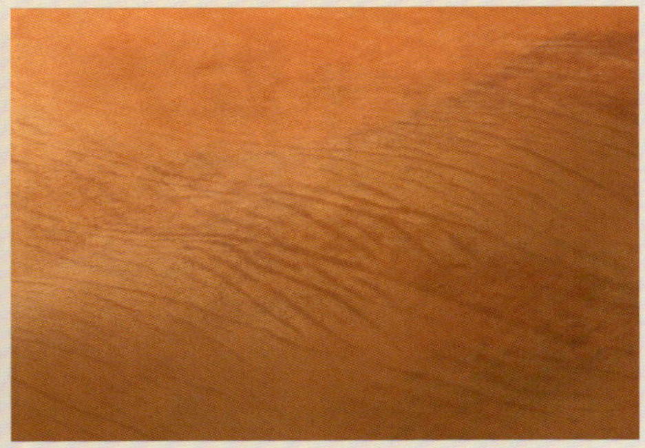

역시 이탈리안 숄더 레더. 오일을 머금은 부드러운 질감과 가죽의 풍미가 보이는 주름이 특징적이다. 시간이 지나며 자연스레 생기는 태닝이 매력적이다. 두께는 2.0mm 정도. 컬러는 블랙, 브라운, 카키, 레드, 와인, 초록, 감색

리오(숄더)

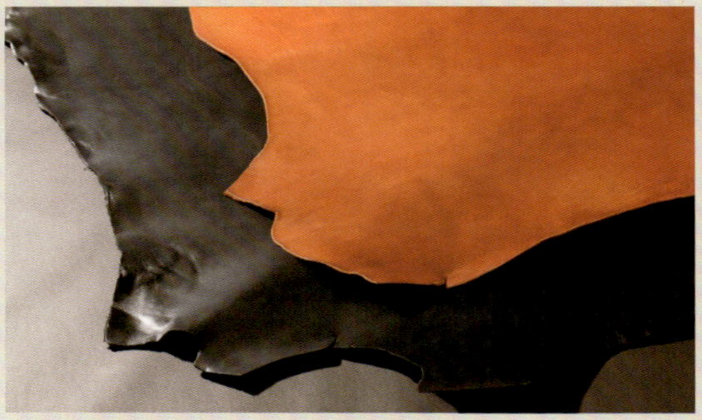

이탈리아 직수입 최고급 누메(표면 주름 가공을 하지 않은 가죽). 내피까지 염료를 넣어 염색, 단면이 아름답게 마감된다. 두께는 3.0mm 와 1.6mm 2종류. 컬러는 블랙, 브라운, 다크브라운

레가토(숄더)

벨기에 직수입 숄더 레더. 풍부한 광택과 깊이 있는 투명감과 주름의 아름다움이 특징이다. 두께는 2.0mm 정도. 컬러는 블랙, 브라운, 다크브라운, 오렌지, 레드, 와인, 감색, 초록

리오 더블벗

이탈리아산 리오의 더블벗. 숄더와 비교하면 결이 작고 표면이 매끄럽다. 면적도 크게 자를 수 있다. 두께는 4.0mm. 컬러는 블랙, 다크브라운

EU.더블벗 누메

벨기에산 양질의 누메 가죽. 더블벗이어서 은면의 결이 작고 섬세한 카빙에도 적합하다. 두께는 2.2mm와 3.6mm 2종류. 내츄럴 색만 있다

비앙코벨리

이탈리아 투스카나 지방에서 수입한 벨리 가죽. 섬유 조직이 느슨하고 길고 가는 형태로 잘라내야 해서 큰 파츠는 만들 수 없지만 비교적 가격이 싸다. 소품에 적합하다. 두께는 1.8mm 정도. 컬러는 내츄럴, 블랙, 초콜릿

TOPIC 2 '브라이들 레더'란?

독특한 자국이 특징적인 브라이들 레더. 신발이나 소품 재료로 인기를 모으고 있는데, 이 가죽은 도대체 무엇일까요?

브라이들 레더는 원산지인 영국에서도 특히 오래된 가죽으로 일반적인 가죽은 간이식으로 드럼에 넣고 돌려서 무두질하는 것이 대세인데, 전통적인 방식인 '피트 무두질'로 시간을 들여 만듭니다. 그래서 베지터블 탄닌이 풍부하고 섬유질이 드러나 대단히 견고한 가죽이 되는 것이 특징입니다. 또한 보호, 방수 목적으로 마감 시 왁스를 바르는데, 이 독특한 광택과 하얀 자국(블룸)이 다른 가죽에는 없는 브라이들 레더의 개성으로 선호되고 있습니다.

마구용으로 개발되어 매우 견고하며 긴 역사에 걸쳐 장인정신으로 제작하는 전통성, 영국 가죽 특유의 차분한 색상. 이것이 남성용 가죽제품에 어울리면서 인기 가죽의 지위를 확립한 이유입니다.

잉글리시 브라이들

시간을 들여 무두질해서 견고하고 강도를 가진 전통 있는 마구용 가죽. 마감할 때 수작업으로 열을 가해 바른 왁스 모양이 매력적이다. 숄더는 두께 2.0mm, 벤드는 4.5mm 정도. 컬러는 블랙과 초콜릿

TOPIC 3 가죽 '브랜드' 이야기

최근 일반인들도 가죽 지식을 많이 알게 되어 여러 종류의 태너리가 알려져 있습니다. 가죽제품 마케팅 시 'OO사의 XX 레더 사용!'이라는 문구를 자주 볼 수 있습니다만, 정말 '좋은 가죽'인지 의문을 가진 적은 없으신지요?

가죽은 무두질한 후의 표면이나 섬유 조직을 보고 등급을 나눕니다(예를 들어 148페이지에 소개한 레가토는 3등급으로 나뉩니다). 또한 대량생산으로 인해 출처가 보증되지 않는 등급 낮은 가죽이 사용되었을 가능성도 있습니다. 중요한 것은 실제 가죽을 만져보고 자신이 판단을 내리는 것입니다. 특히 가죽공예를 할 때는 말에 현혹되지 않고 가죽을 보는 눈을 키워야 합니다.

이탈리아에서는 전통의 기술과 자연본래의 베지터블 탄닌을 사용해 정확하게 무두질한 가죽에는 시리얼 넘버를 넣고 태그를 달아 품질을 보증합니다. 가죽업계도 가죽 본래의 좋은 점을 지키기 위해 많은 연구를 하고 있습니다.

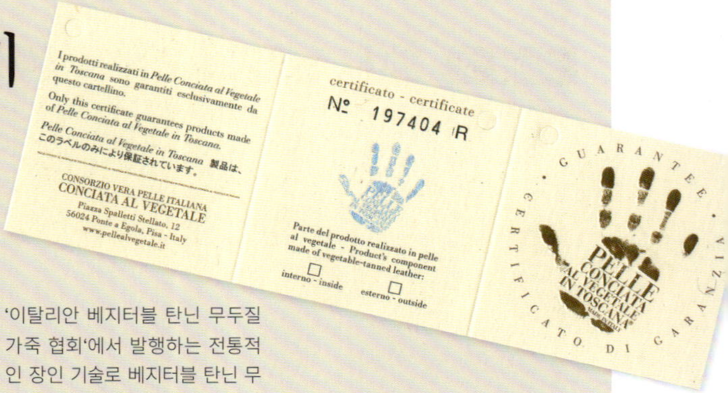

'이탈리안 베지터블 탄닌 무두질 가죽 협회'에서 발행하는 전통적인 장인 기술로 베지터블 탄닌 무두질한 가죽임을 보증하는 태그

원래 영국에서 시작하였으나 미국으로 이전한 오래된 태너리인 '허먼 오크 레더'의 최고 등급 가죽에 붙는 태그. 정확한 방법으로 무두질한 전통과 격식 있는 고급 가죽이라는 문구가 적혀 있다

TOPIC 4 '코도반'은 무엇일까?

코도반은 말의 벗(엉덩이)를 탄닌으로 무두질한 후 은면과 내피를 분리한 가운데인 '코도반 층'만을 떼어내서 광택을 내고 마감한 가죽. 가죽 자체의 콜라겐 조직이 치밀하게 결합되어 있어 감촉이 섬세하고 단단한 내구성을 가진 것이 특징입니다. 단단함과 아름다움으로 가방, 구두, 벨트, 란도셀 등에 쓰입니다만, 단단해서 소품에 사용할 때는 피할할 필요가 있습니다. 발상지인 유럽산이 주류이지만 일본이나 미국에서 무두질한 것도 있습니다. 미국산 코도반은 모 유명 부츠 메이커에서도 사용하고 있습니다.

또한 생산량이 적어서 비교적 고가의 가죽으로 알려져 있습니다. 코도반 이외의 말가죽은 '호스 프론트'로 구분되지만 구별하지 않고 팔리는 경우도 있으므로 너무 싼 코도반은 구입에 주의해야 합니다.

코도반

고급 소재로 인기 있고 결이 섬세한 코도반. 깊은 광택을 가지고 있어 고급품으로 선호된다. 원피 두께는 1.7mm 정도. 컬러 바리에이션은 블랙, 녹차색

코도반(안경)

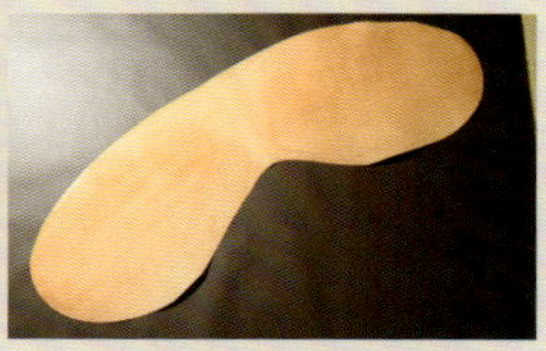

양쪽 코도반 층이 연결되어 '안경'이라 불리는 코도반. 연결되지 않는 경우도 있으므로 코도반 중에서도 귀하다. 원피 두께는 1.5mm 정도. 색은 내츄럴

TOPIC 5 '이그조틱 레더' 이야기

이그조틱 레더(특수가죽)는 소나 돼지 등 일반적인 가죽 이외의 동물에서 가져온 가죽의 총칭입니다. 잘 알려진 것으로는 악어, 뱀, 스팅레이(가오리), 도마뱀, 오스트리치(타조), 코끼리 등이 있습니다.

먼저 아시아권이나 남미 등 특수한 지역에서 생산되는 이그조틱 레더는 (종류와 정도에 따라 다르지만) 유통이 불안정합니다. 취급 업체인 교신 엘르의 라인업 중에서도 특정 시점에서만 입수할 수 있는 가죽도 많습니다. 때문에 전체적으로 비싼 편입니다. 또한 각각의 텍스쳐가 매력인 한편, 저마다 특수한 질감을 가지고 있어서 다룰 때 요령이 필요합니다. 피할이 어렵다던가, 내구성이 나쁘다던가, 등등. 그래서 이그조틱 레더를 쓰기 위해서는 많은 노력이 필요합니다만, 이것이 이그조틱 레더가 진귀하게 여겨지는 이유입니다.

이런 귀중한 가죽은 가죽장인으로서 꼭 써보고 싶습니다. 이 책에서는 비교적 취급이 쉬운 도마뱀을 사용해서 시곗줄을 만들었습니다. 비슷한 질감의 뱀 가죽에도 이용할 수 있는 테크닉이므로 익숙해지면 도전해 보세요.

악어

등을 갈라 배부문을 남긴 악어. S~L 사이즈가 있고 블랙, 탄색 등 전 5종

악어(꼬리)

구두의 숄더스트랩 등에 쓸 수 있다. 재고는 문의 요망

다이아몬드 파이톤

스탠다드한 비단뱀(파이톤) 가죽. 1장에 2.5~3m

가오리

입체적인 질감과 중앙의 돌기가 독특한 텍스쳐를 낸다. 다루기가 어려운 편

도마뱀

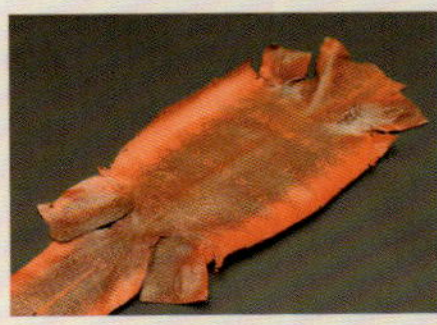

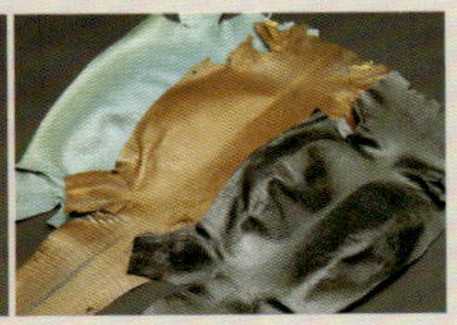

링무늬 도마뱀(좌), 테구 도마뱀(우) 등이 있고 후자는 비교적 싸게 입수 가능. 재고는 문의 요망

SPECIAL THANKS

쇼와 22년(1947년)에 창업한 교신 엘르는 피혁 관련제품의 제조, 수입, 유통 회사. 긴 시간 가죽을 취급해서 소재에 관련된 지식이 깊다. 사옥 1층의 숍 '알파 엘르'에서는 많은 공구, 재료, 피혁을 판매하고 있다.

가죽에 대해 이야기해 준 영업담당 나카노 씨. 가죽 특징, 취급법, 유통 등에 관한 많은 지식을 알려주었다.

주식회사 교신 엘르
도쿄도 다이토구 도리고에 2-10-8
Tel 03-3866-3221(代表) Fax 03-3866-3226
URL http://www.kyoshin-elle.co.jp/

프로숍 알파 엘르(재료점)
Tel 03-3866-3221 Fax 03-3851-7772
Open 9:00-17:30
Close 토, 일, 공휴일
e-mail alpha@kyoshin-elle.co.jp

KEY CASE 키홀더 [패턴]

P014~

사용상의 주의

- 복사해서 두꺼운 종이에 붙여 자르거나, 별도의 종이에 도안해서 사용하십시오.
- 이 패턴은 참고용이며 가죽의 종류나 두께, 작업에 따라 변형 및 응용이 가능합니다.
- 상업적 목적으로 사용하실 수 없습니다.
- 화살표를 가죽의 장력방향에 맞추어 사용합니다. ⟷

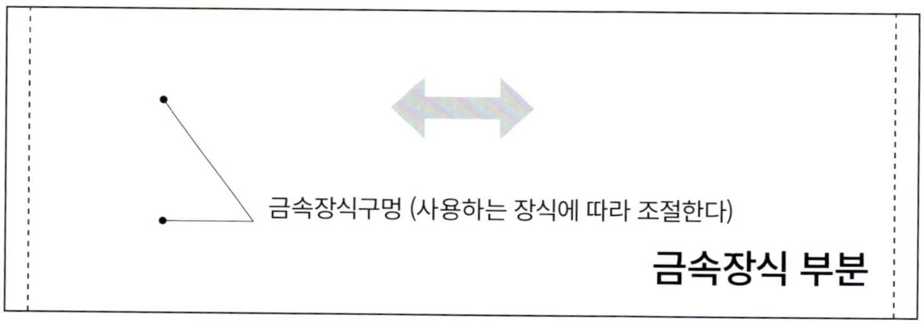

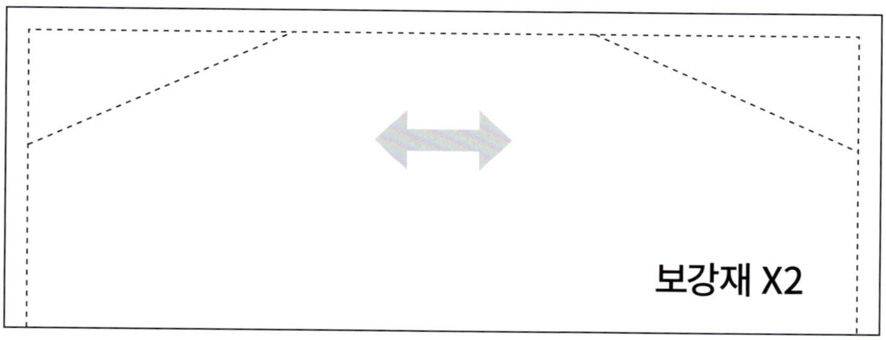

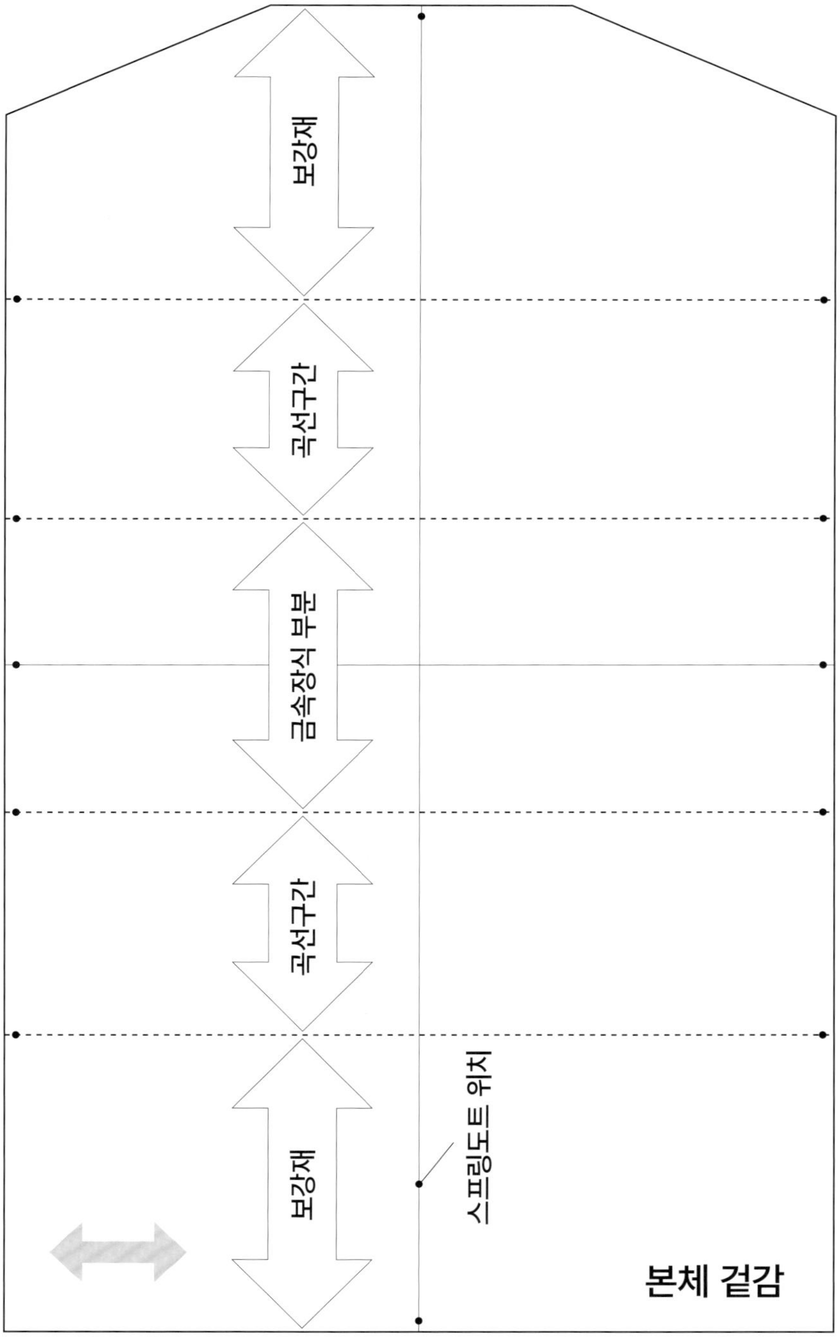
보강재
곡선구간
금속장식 부분
곡선구간
보강재
스프링도트 위치
본체 겉감

본체 안감

BILLFOLD 지폐지갑 [패턴]

P034~

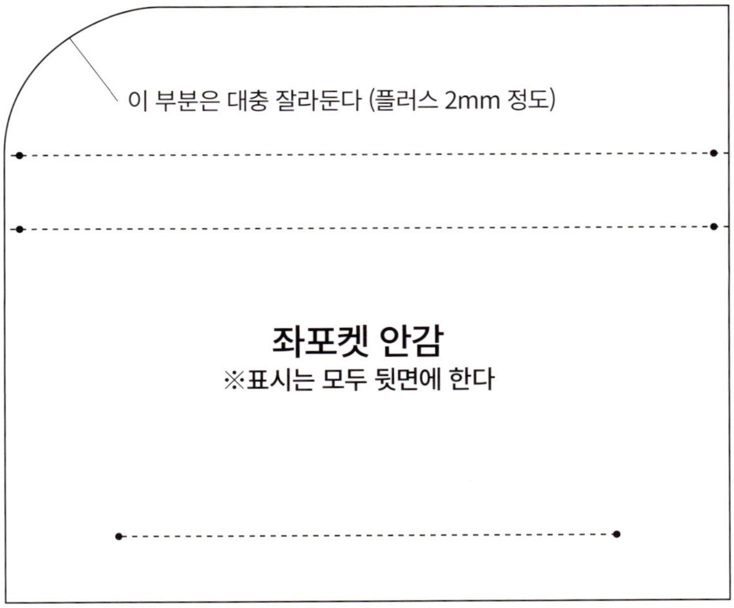

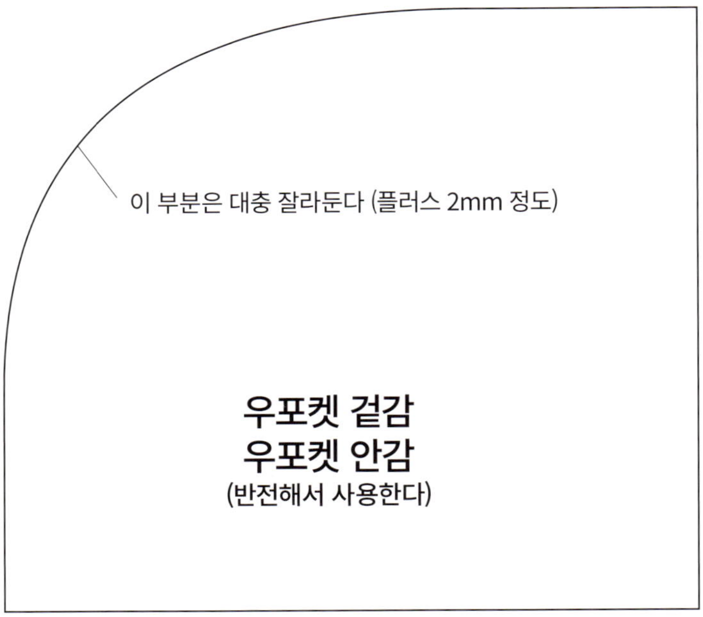

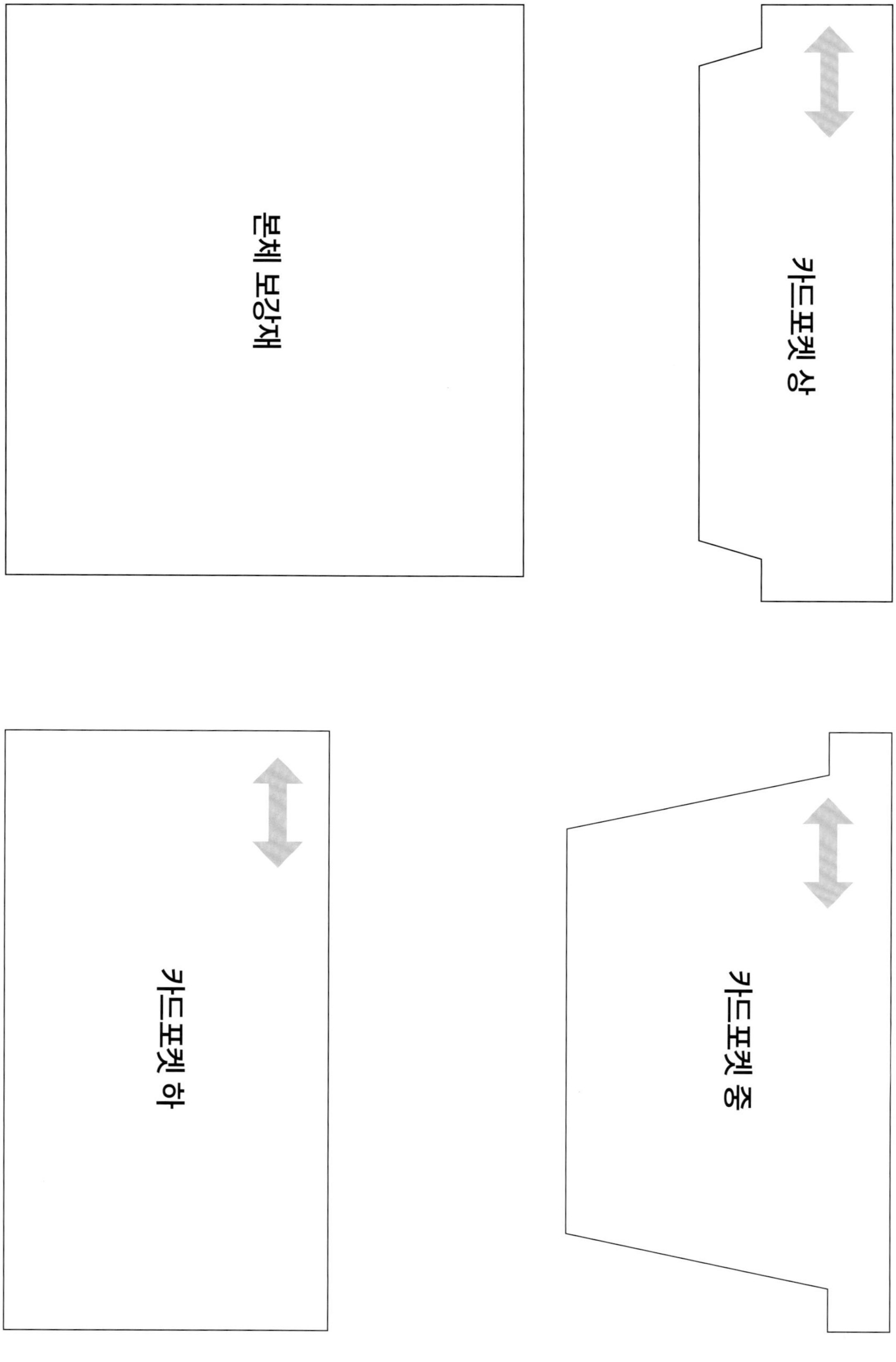
본체 보강재
카드포켓 상
카드포켓 하
카드포켓 중

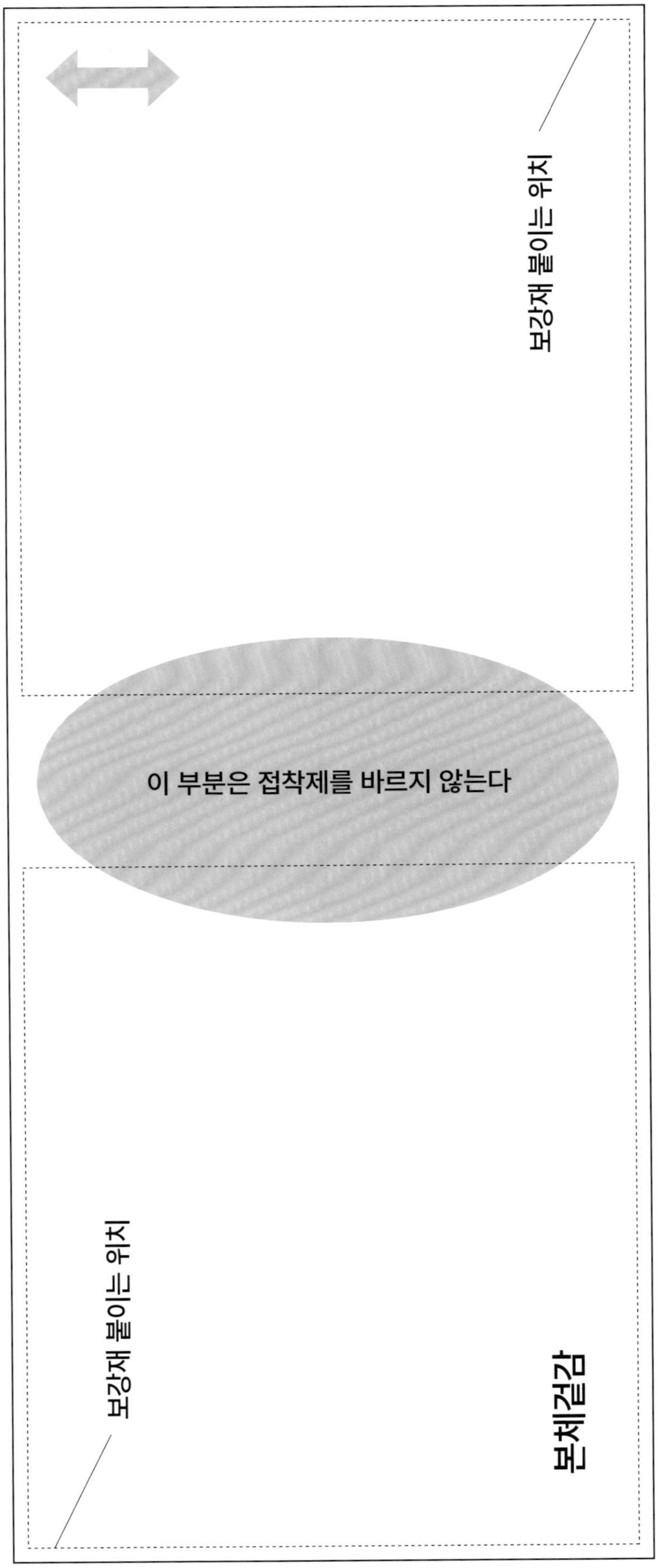
보강재 붙이는 위치
이 부분은 접착제를 바르지 않는다
보강재 붙이는 위치
본체겉감

본체 겉감 붙이는 위치
본체안감

WATCH BAND 시곗줄 [패턴]

P054~

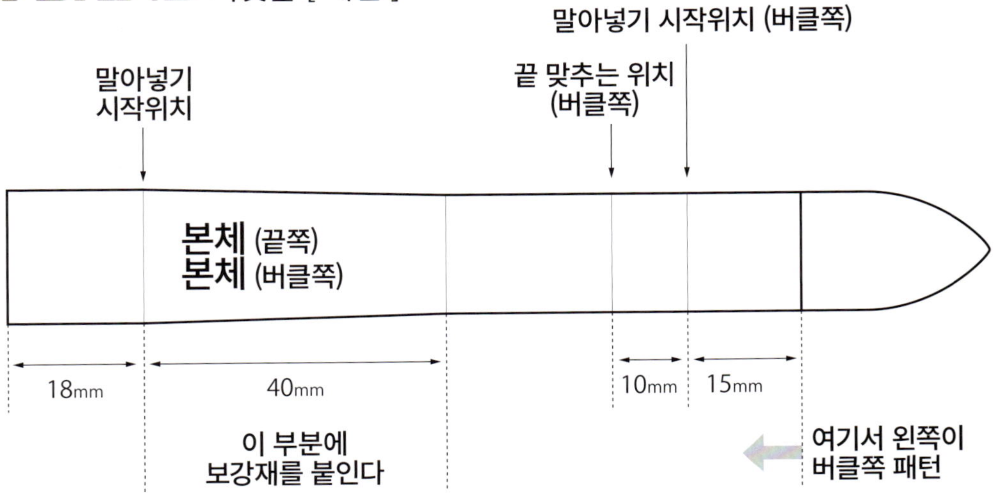

○ 버클쪽 안감 : 길이 72mm 이상 (사이드는 여유를 두고 잘라낸다)

○ 끝쪽 안감 : 길이 112mm 이상 (사이드는 여유를 두고 잘라낸다)

○ 보강재 (2장) : 길이 40mm (사이드는 여유를 두고 잘라낸다)

CARTERA 지갑 [패턴]

P080~

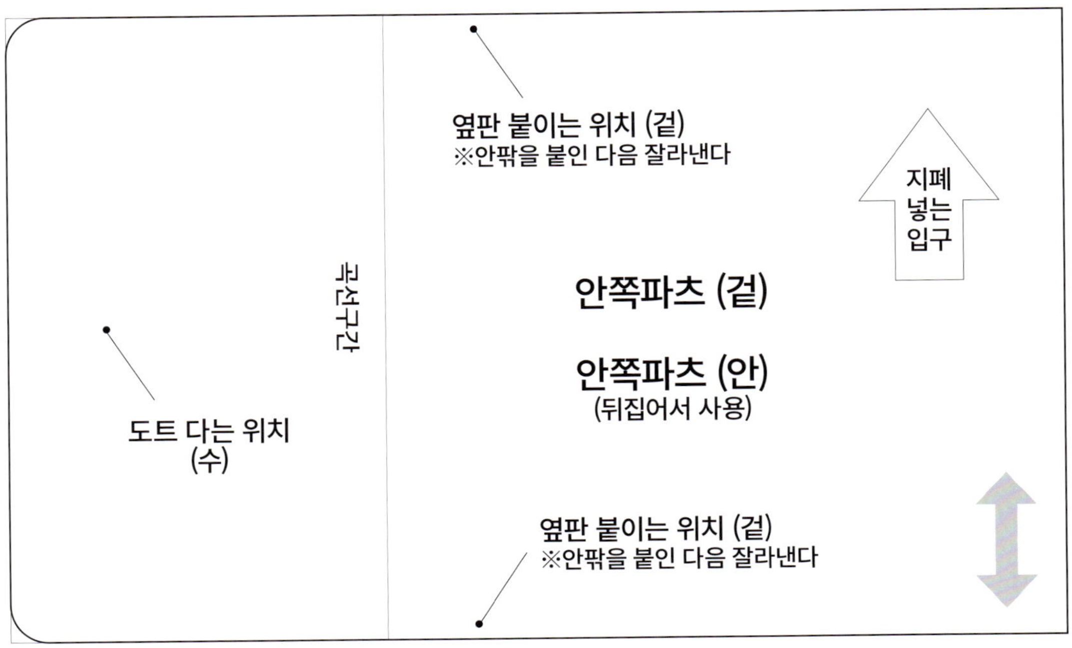

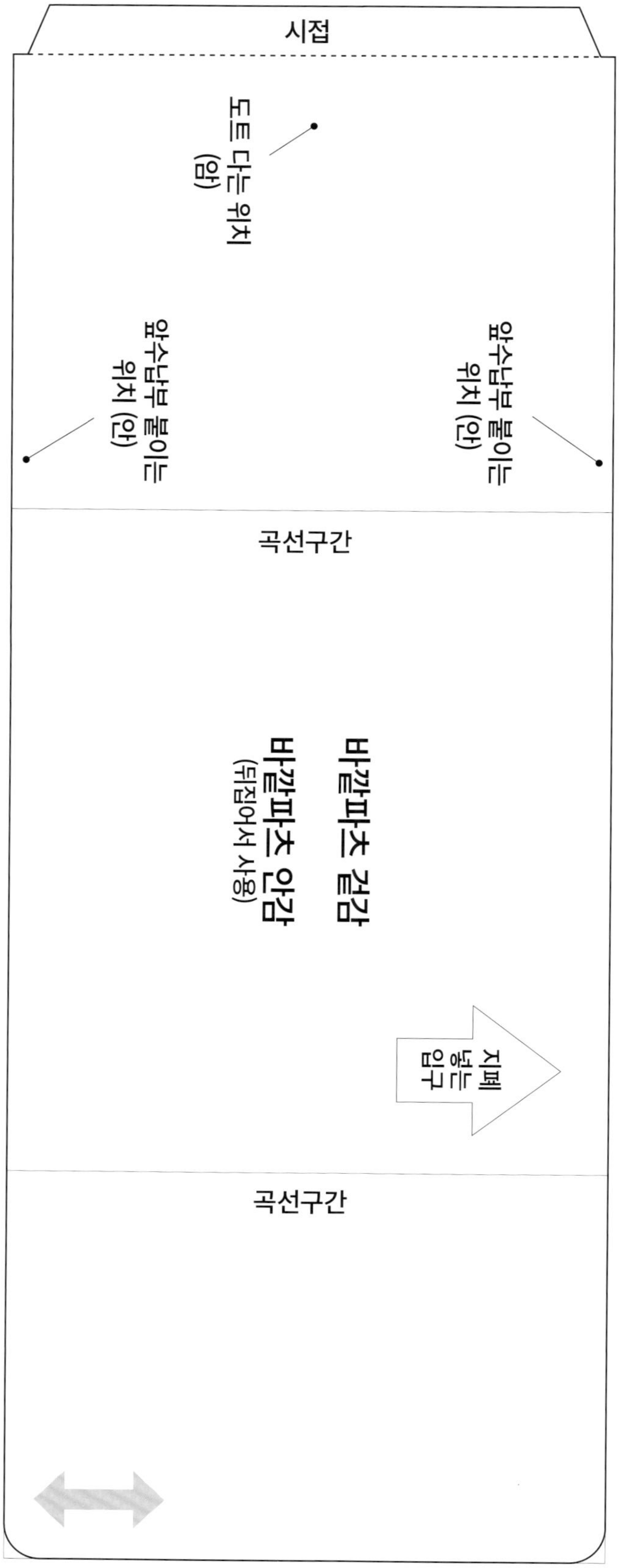
시접
도트 다는 위치 (암)
앞스냅부 붙이는 위치 (안)
앞스냅부 붙이는 위치 (안)
곡선구간
바깥파츠 겉감
바깥파츠 안감
(뒤집어서 사용)
지폐 넣는 입구
곡선구간

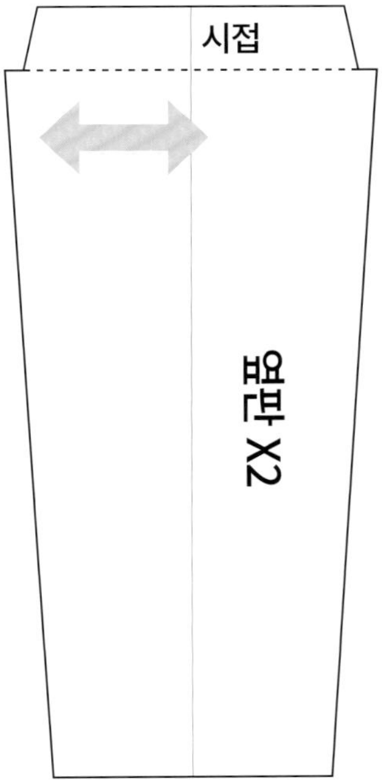
시접
옆판 X2

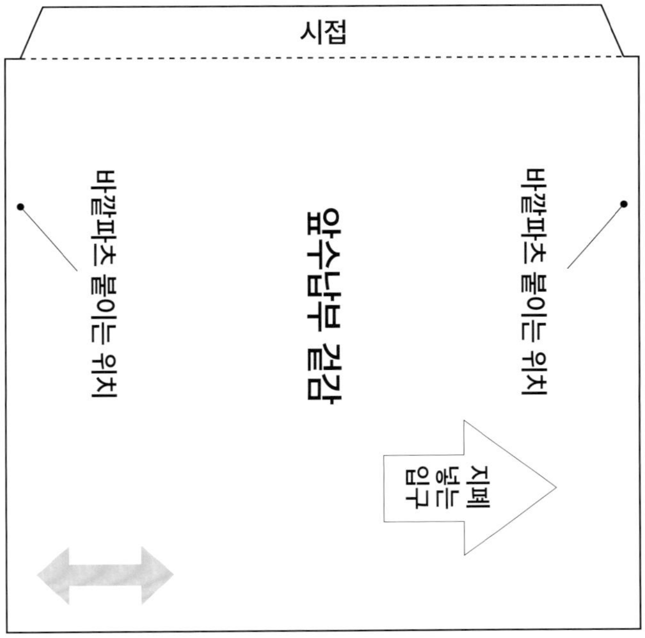
시접
바깥파츠 붙이는 위치
앞수납부 겉감
바깥파츠 붙이는 위치
지퍼 넣는 입구

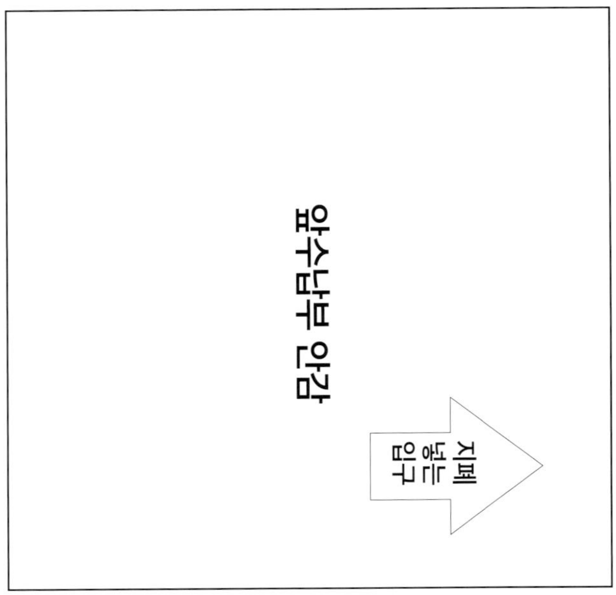
앞수납부 안감
지퍼 넣는 입구

CARD CASE 명함지갑 [패턴]

P100~

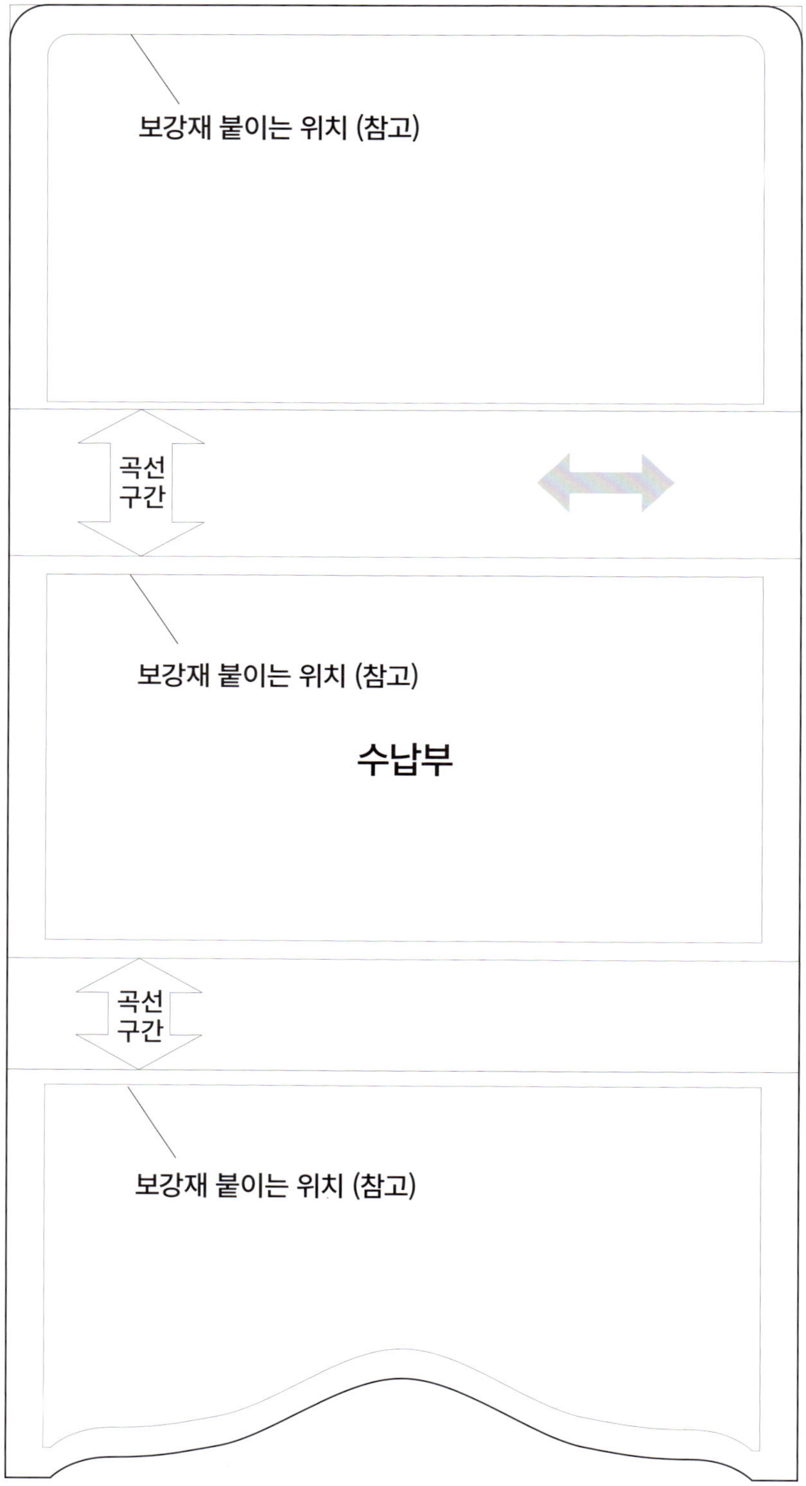

○ 수납부 안감 : 주위를 5mm 정도씩 넓혀서 자른다

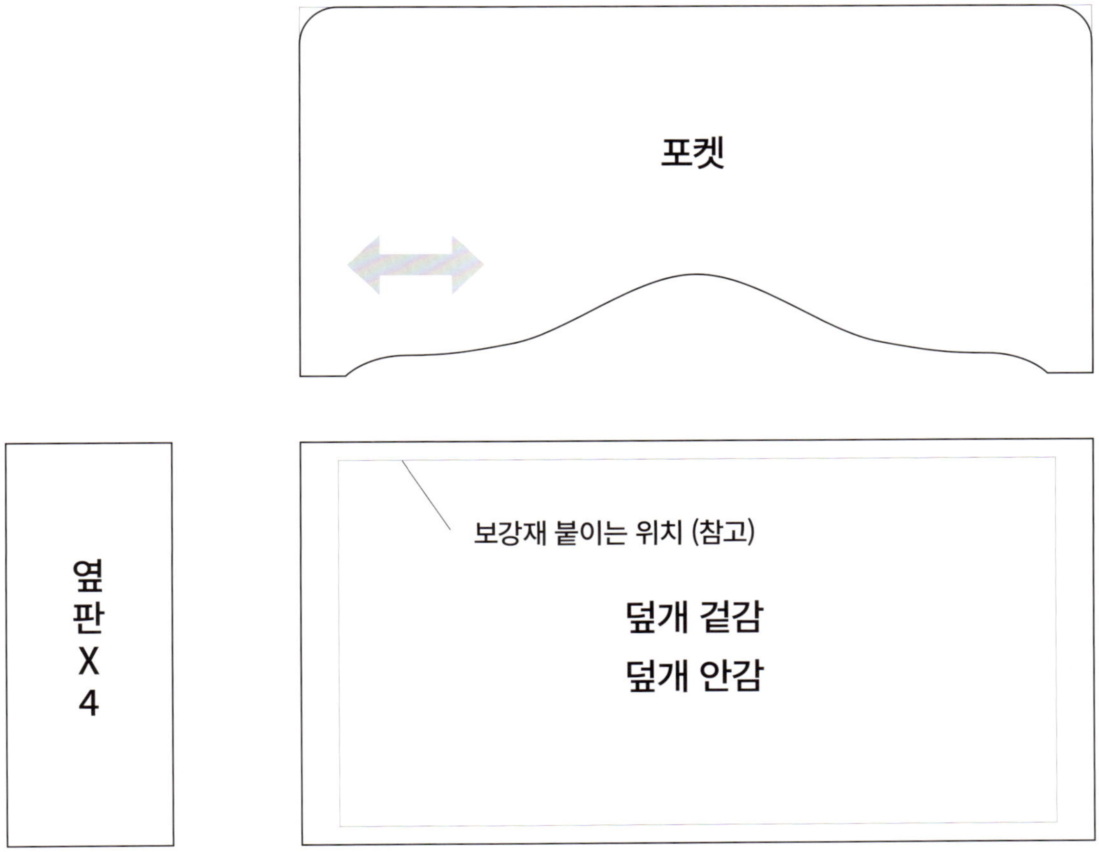

COIN CASE 동전지갑 [패턴]

P112~

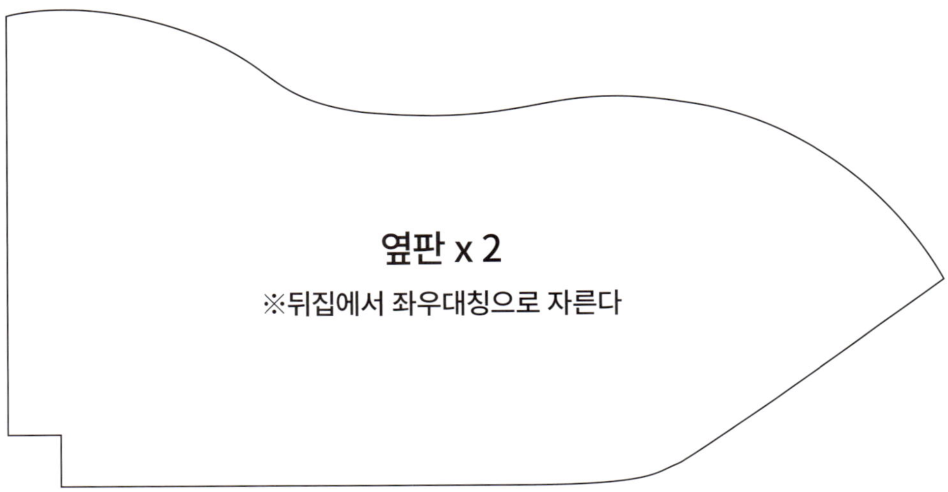

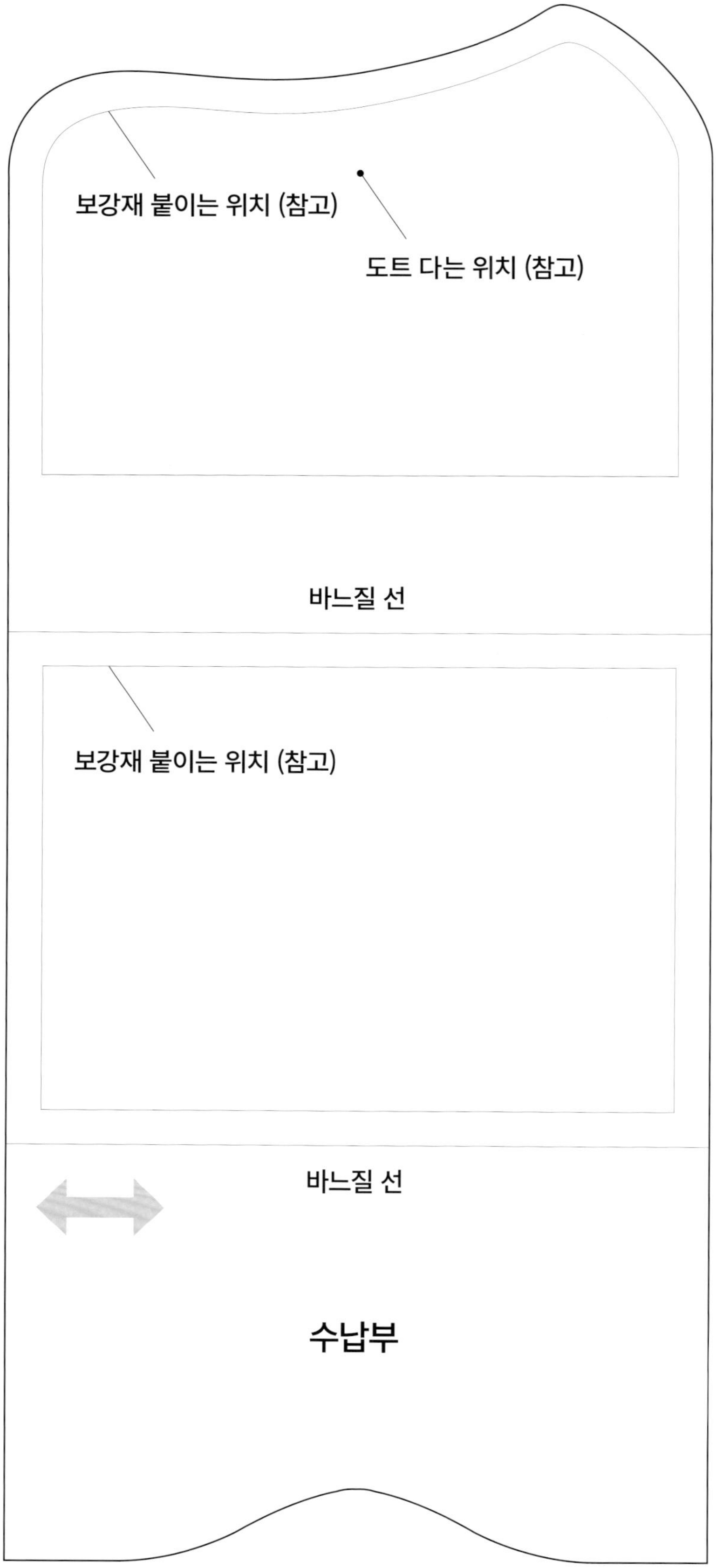

○ 수납부 안감 : 겉감 주위 5mm 정도 여유를 두고 잘라낸다.

○ 포켓 : 110×65 mm (잘라낼 부분 고려)

HORSESHOE CHANGE PURSE 말굽형 동전지갑 [패턴]

P128~

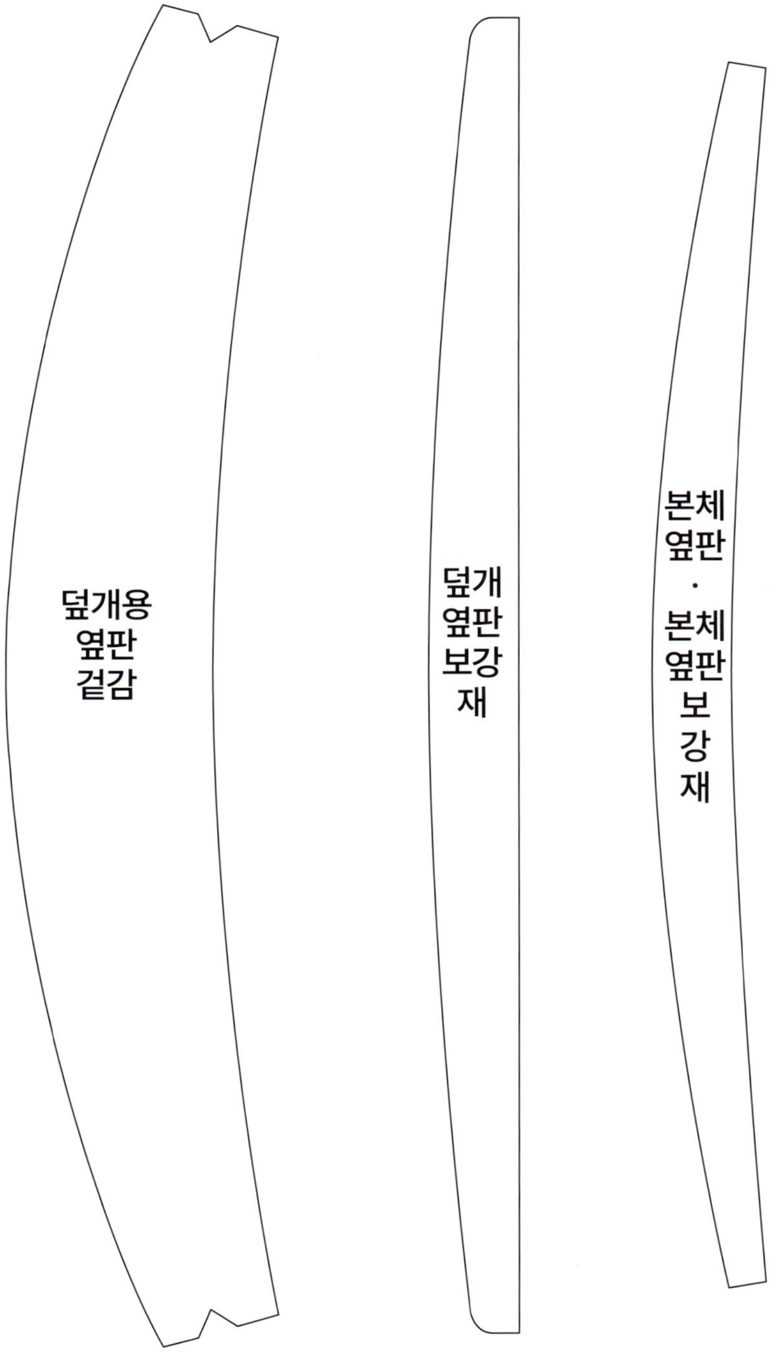

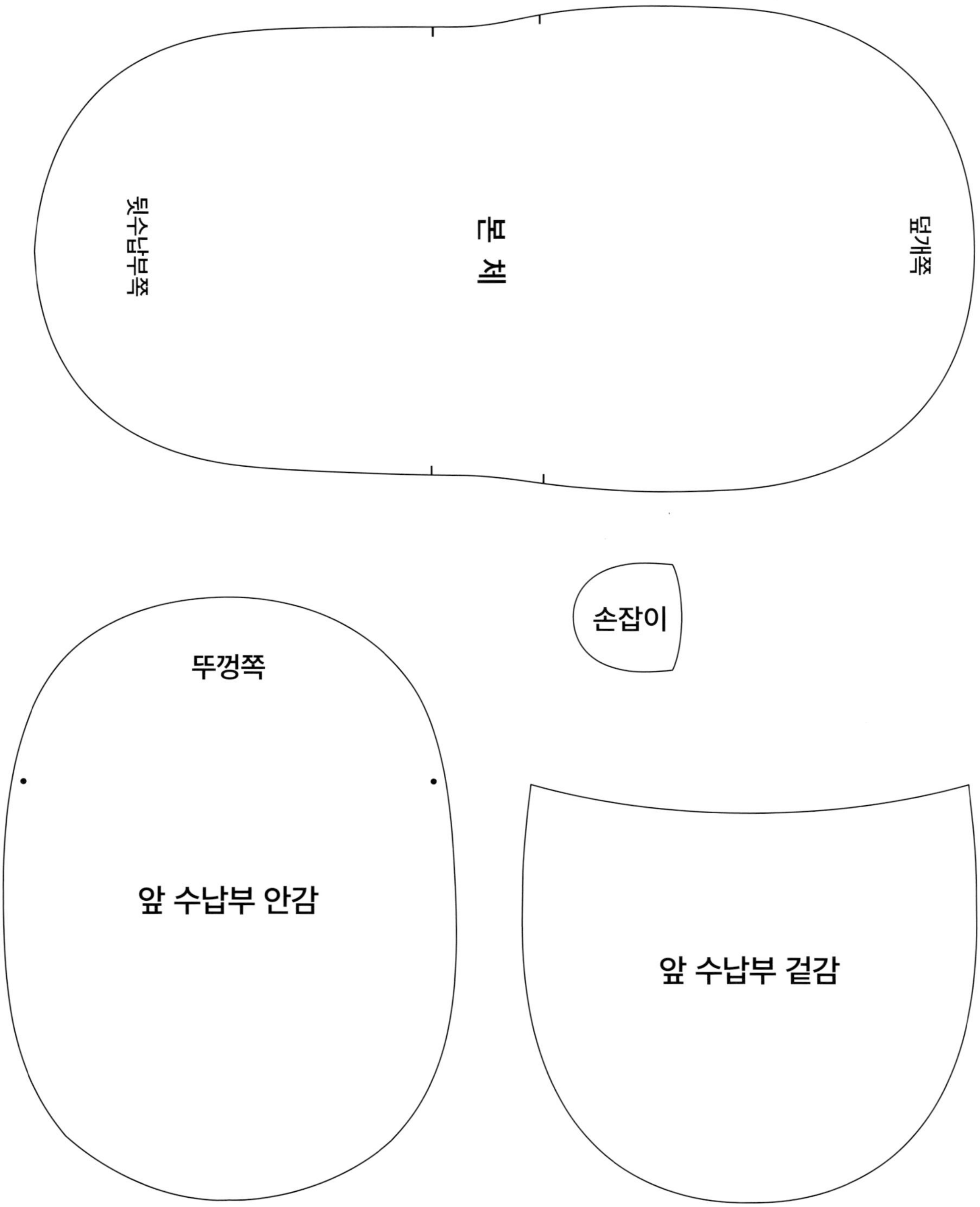
뒷수납부쪽
본 체
덮개쪽
손잡이
뚜껑쪽
앞 수납부 안감
앞 수납부 겉감

TECHNIQUE INDEX

테크닉 인덱스

일본의 가죽공예 장인에게 배우는

어른의 가죽공예

2018년 4월 15일 초판 1쇄 발행
2021년 4월 15일 초판 4쇄 발행

- 주 의 -

- 이 책은 장인들의 지식 및 작업, 기술을 바탕으로 독자에게 도움이 된다고 판단한 내용을 재구성하여 출판하였습니다. 스튜디오 택 크리에이티브 및 취재원들은 작업의 결과나 안전성을 보장하지 않습니다. 또 소개된 공구와 재료는 현재 판매하지 않을 수 있습니다. 작업에서 발생한 물적 손해와 상해에 대해, 출판사에서는 일체의 책임을 지지 않습니다.
- 사용하는 기구나 가죽을 변형하거나 설명서와 다르게 사용하면 오류가 생기고 사고 등의 원인이 될 수 있습니다. 제조사가 권장하지 않는 방식으로 사용했을 때의 결과에 대해서는 보증하지 않습니다.
- 이 책은 2012년 11월 17일까지 정보를 바탕으로 편집했습니다. 책에 게재한 상품이나 서비스의 명칭, 사양, 가격 등은 제조 업체와 판매처에 따라 예고 없이 변경될 가능성이 있습니다.
- 사진이나 내용이 일부 실물과 다른 경우가 있습니다.

[일본어판]
편집 고토 히데유키, 도미타 신지, 이와타 루이, 혼다 다에코
디자인 후지 아키라, 시모조 마이, 아사이 유키코
사진 고미네 히데요, 시미즈 료타로, 가지와라 다카시, 시키네 오사무

[한국어판]
번역 차효라
감수 박혜정 [베아트리체 공방]
편집 차효라, 정성학, 김남훈

발행인 박관형
발행처 ㅁㅅㄴ(MSN publishing)
주소 [08271] 서울시 구로구 경인로20나길 30, 이좋은집 A508호
웹 http://msnp.kr
메일 mi-sonyeo@naver.com
FAX 0505-320-2033

ISBN 979-11-87939-07-8 16630